美国大都市区肖像丛书

费城都市区：过往与今天

[美]史蒂文·康恩 著

秦波 吴文昊 译

中国建筑工业出版社

著作权合同登记图字：01-2016-0724 号
图书在版编目（CIP）数据

费城都市区：过往与今天 /（美）史蒂文·康恩著；秦波，吴文昊译.—北京：中国建筑工业出版社，2019.10
（美国大都市区肖像丛书）
书名原文：Metropolitan Philadelphia: Living with the Presence of the Past
ISBN 978-7-112-24104-0

Ⅰ.①费… Ⅱ.①史…②秦…③吴… Ⅲ.①城市史—美国 Ⅳ.①K712.9

中国版本图书馆 CIP 数据核字（2020）第 043655 号

Metropolitan Philadelphia: Living with the Presence of the past/steven Conn.
ISBN 978-0-8122-1943-2
Copyright © 2006 University of Pennsylvania Press
Chinese Translation Copyright © 2020 China Architecture &Building Press

All rights reserved. Published by arrangement with the University of Pennsylvania press, Philadelphia, Pennsylvania. None of this book may be reproduced or transmitted in any form or by any means, electronic or mechanical, including photocopying, or by any information storage and retrieval system, without permission in writing from the University of Pennsylvania Press.

责任编辑：戚琳琳　率　琦　焦　扬
责任校对：赵听雨

美国大都市区肖像丛书
费城都市区：过往与今天
[美] 史蒂文·康恩　著
　　秦波　吴文昊　译

*

中国建筑工业出版社出版、发行（北京海淀三里河路9号）
各地新华书店、建筑书店经销
北京点击世代文化传媒有限公司制版
北京市密东印刷有限公司印刷

*

开本：787×960毫米　1/16　印张：19　字数：188千字
2020年4月第一版　2020年4月第一次印刷
定价：68.00 元
ISBN 978-7-112-24104-0
　　（34613）

版权所有　翻印必究
如有印装质量问题，可寄本社退换
（邮政编码 100037）

美国大都市区肖像丛书

本套丛书探讨了过去和现在多样性融合中的当今都市。每一卷讲述一个北美都市区域,包括其历史经验、空间布局、文化以及当今所面临的问题。本套丛书的引进,旨在激发与促进国内读者对北美主要都市的了解与探讨。

献给我的父母，特里和彼得。

菲利普·拉金之前说得不对。

目 录

前　言　赤裸真实的城市　1

第1章　威廉·佩恩的印记　31

第2章　萦绕之魂　75

第3章　特拉华河谷与中产阶级　125

第4章　穿城而过的两条河　171

第5章　用心描绘：展望费城区域　221

尾　声　赤裸的城市和衰落的故事　267

　　　　注　释　275

　　　　致　谢　287

　　　　译后记　290

　　　　译者简介　295

前　言

赤裸真实的城市

"这座赤裸真实的城市中有着百万个故事。"

上面这句台词来自1948年一部经典的、具有悲剧色彩的电影《赤裸城市》。[1] 这部电影呈现了发生在纽约的一系列犯罪故事，电影沉浸在阴影中，表现了主人公的城市夏日的炎热。这部电影创新地拍摄了城市自身，在室外而不是通过舞台和道具进行拍摄，正如电影旁白者所解释的，这部电影意图成为关于城市的故事。这部电影的结束台词由同一个旁白者伴着城市夜景读出，这句台词作为对任何一个城市最聪慧的描述一直震撼着我。这句台词是：在某种层面上，一个伟大的城市是这个城市中个体故事的大量积累，这些个体故事有些是不同寻常的，有些是相当平凡的，但每一个又都是不同的，并且每一个都是无法否认的。

如果你愿意，我们可以想象这些故事存在于两个方向上：横向的，故事在任一已知的时刻发生在城市中某处；纵向的，故事穿越时间。这两个方向同等重要，正如城市属于那些一天天生活在城市中的人，而这些人的故事和那些曾经生活在城市中的人的故事（或者说是历史）进行着对话。一个伟大的城市之所以伟大，重要原因就在于，有这种发生于现在与过去之间的、持续的、自然存在的对话。

如果在一座赤裸真实的城市中发生了数以百万的故事，那么就可以有几乎百万个故事来讲述这座城市。当历史学家们将研究对象转向城市，发现可以将城市视为政治城市，在政治城市中伟大的人们聚集起来去做伟大的事业，并且历史学家们发现政治城市中充满了激进的女人和男人，他们聚集起来挑战那些所谓的大人物。历史学家们还可以将城市视为移民城市，移民城市对于数以百万的寻找更好机会的人们来说就像是灯塔一般，但在许多案例中这些城市最后却变成了肮脏、压抑和恐怖的地方，这些地方的存在就是对美国最高理想的嘲讽。历史学家们还可以将城市视为金融城市，金融城市有着熙熙攘攘的港口和敲打作响的工业区；还可以将城市视为艺术城市，在艺术城市中作家、画家、建筑师以及机构建造者描绘着他们的激情，并且打下他们的印记。历史学家们发现了城市在上述这些方面的崛起，也发现了城市的衰落。当然，城市作为人类所曾经创造的最复杂和最有趣的事物，不太可能在一本书中描述殆尽。

作为美国的一座老城，费城有着比其他地方更为悠久的历史。甚至还产生了数量巨大的、关于历史的文学。山姆·巴斯·华纳著有一本关于费城的书，在这本书中他写到费城成为"城市历史的领导中心"。[2] 从1987年起到之后的几年，关于费城的书越来越多，导致书架越来越重，使得我的任务更加艰巨。所以我一开始就得头脑清楚。本书的目的甚至不是作为费城通史的综合性叙述。我确定无法读完关于费城及其区域的全部书籍。相反，我的目的是将费城作为大都市地区的一部分，检验这个大都市地区如何随着时间而发展，以及就这个城市和地区未来所要面对的情形给出线索。

费城以及其他类似的美国城市一直存在于更大腹地的中心位置上，但是大体上我们不以这种方式来理解这些城市。当我们看到18世纪和19世纪时的地区，我们的模型通常是中心（城市）和周边（贫穷地区）、城镇和农村。考虑到大都市地区的发展方式从第二次世界大战时有所改变，原来的方式不再行得通。像其他美国老城一样，费城城市的人口和经济表现都在衰退，但是都市区的规模和经济却在增长。到底谁是中心谁又是周边呢？

当我们通过一个新的模型理解地区的动态发展时，会发现城市陷入了一场与其郊区对立的、大规模的种族斗争。这种观点认为，第二次世界大战结束以来，白人的郊区不断激增，就像寄生虫一样蚕食着城市的躯体，使中心城区面积不断缩小、黑人不断增多，工业化不断衰退。于是，费城故事与匹兹堡、底特律、芝加哥和圣路易斯的故事一样。音乐家乔治·克林顿简洁地总结了20世纪70年代美国大都市的发展状况，就像他所吟唱的"巧克力的城市和香草的郊区"。

图1 在1777年的地图上想象出来的费城地区。有序的网格用地与连接费城市和兰卡斯特、巴尔的摩等城镇的不规则道路形成鲜明对比。由费城图书馆公司提供

必须承认，我在很大程度上认同这种观点。有无尽的案例可以描述费城的郊区如何从费城吸取资源、人口、工作以及更多的东西，以各种方式从费城得到好处。城市的学校一直拨款不足，公共交通系统也是如此。18世纪以来，费城很多方面在全美占据领先地位，比如医学研究和培训、建立了第一所医院和第一所医学院，以及其他一些方面。如今，这个城市的医疗中心为医治地区中数量失衡的贫穷和没有保险的人群而饱受重负。宾夕法尼亚州和新泽西州大量的郊区居民对待城市就像是他们的游乐场，用城市做各种事情，从艺术和高端文化到毒品和娼妓。然而与其同时，他们通常对这样一种观点感到愤怒和否认，即对于城市的重大问题他们和城市居民一样负有责任。[3]

虽然以上大致通过大图景描述了大都市，但并没有捕捉到真实大都市的细小颗粒，尤其是大费城地区。相比于大波士顿地区或大芝加哥地区，我认为大费城地区一直存在大量的种族和阶级分化的问题。大费城地区包括多个小城市群和相当老的城镇，每个城市和城镇都有着自己的特点，并且都既以某种方式与城市中心连接，又独立于城市中心。

18世纪，费城自身具有美国最大、最有影响力的黑人社区；然而19世纪时，黑人社区发展到各个城市，例如在南泽西和宾夕法尼亚州的西切斯特。接着，西切斯特养育了霍勒斯·皮平和贝亚德·斯廷，霍勒斯·皮平是一位非裔美国人、画家,贝亚德·斯廷也是一位非裔美国人、处于美国民权运动幕后的战略天才。[4] 科茨维尔的黑人社区养育了埃西·梅,华盛顿·威廉姆斯的姨妈。华盛顿·威廉姆斯是野蛮的种族主义者斯特罗姆·瑟蒙德及其黑人管家的女儿,她由姨妈在黑人社区中抚养长大。20世纪50年代,巴克斯县成为莱维特父子公司的第二个房地产项目。当时巴克斯县里居住的都是白人,当有一个黑人家庭试图搬进来时,其他居民都以种族主义的敌意向他们问候。与此同时,在距离5英里远的地方,康科德公园发展成为综合的郊区副中心。据称它发展得非常好。

种族和种族主义源于郊区居民对日益增多的黑人城市和棕色人种城市的感受。费城的第二位黑人市长约翰·斯特在2004年试图为费城的费城人队新棒球场发表开幕演讲时,受到了将近5分钟的嘘声。费城人队数量巨大的粉丝都是来自郊区的白人。这其实也是一个郊区居民根据他们的乐趣使用城市的案例,在这个案例中郊区居民用轻蔑对待市长,而正是这位市长使用城市基金为他们所坐的那所体育馆付账。当然,如果母亲们在得分位置上被三振出局,费城人队的粉丝们也会嘘他们自己的母亲,所以这个事件也许最终与种族没有太大关系。

但是对于其他人的情绪来说可能会更加复杂。根据《费城问询报》编辑克里斯·萨尔图洛的观点,许多郊区居民对城市怀着"一种愤怒的爱","准确地说成长在某个城市的社区并搬到郊区的人们无法重新回到城市中他原来的家了。这让人非常受伤害。当他们回到原来的社区时，他们的老房子还矗立着，但是老社区已经分裂了。他们表现出不理性的反应。当他们试图为这种情况找出原因时，往往责怪现在住在那里的人们"。[5]

如果我能确定上述评价是趣闻轶事就好了。多年以前，我写了一篇关于莱维顿和战后郊区的报纸文章。在这篇文章中，我认为恐惧尤其是白人对黑人基于种族主义的恐惧，驱使很多白人迁居到郊区，特别是在20世纪五六十年代。我收到了许多对这篇文章表示仇恨的邮件，这些邮件中的大部分证实了我最初的立场，即像这些信中所喷涌的对深色皮肤人们的恐惧。然而有一封信就像扼住我的喉咙一样让我说不出话来。"你不知道你所谈论的事情，"这封信以挑衅开头，并且有些段落值得引述"直到你的生活每晚与警铃声为伴，直到你能列出你所在的地方中被抢劫、刺伤、射击和杀死的店主的名字，直到你接到医院通知你的儿子被严重殴打的电话……直到你过着那些得知曾和你儿子一起吃午饭的朋友被抢劫和杀死的可怕日子，而他只有15岁还是个孩子。"这位匿名的寄信人，我不知道他是男人还是女人，是黑人还是白人，还写道："这就是我决定离开的时候，离开我孩子成长的房子，离开我成长的社区，这伤透了我的心。现在一想到这些我还是很心痛。"

愤怒和爱是同等的，就像尼尔·杨所唱到的，但只有爱能让你心碎。

这些对抗及其造成的后果是真实的。但是尽管存在那

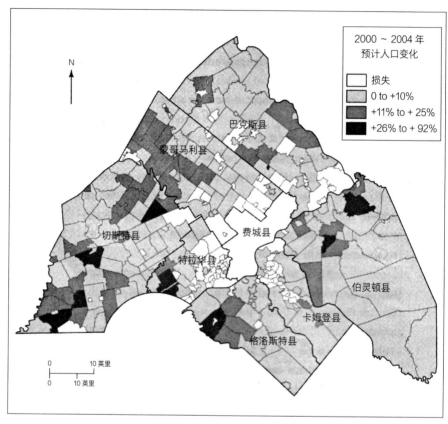

图2 大费城的城区和周边郊区等核心地区已经在流失人口,而边缘地区则继续增长。数据来自《费城问询报》

些敌意，现在日益清楚的现实是，城市和郊区已经通过各种方式联系起来了，并且这些连接使得他们相互依赖。城市仍然为郊区提供大部分社会机构的基础设施，从医院和大学到艺术博物馆和交响乐一应俱全，同时这些机构的许多赞助者居住在郊区。郊区居民担心由他们自身造成的郊区蔓延，在20世纪90年代，没有哪个城市郊区蔓延得比大费城郊区多，同时城市在为吸引新居民到老社区居住而奋斗。内环郊区已经开始经历衰落和被抛弃，而同时市中心——费城的中心城区显然也在其中——又已经繁荣起来，成为数量不断增长的年轻夫妇和空巢老人的家。

确实，正如《费城问询报》的一篇社论机敏地写道："衰败和蔓延是紧密相连的。"衰败和蔓延相互供养："城市使中产阶级逃离城市，而这些使得依赖汽油的现象蔓延到郊区、消耗政府资源以及更加推进了郊区向外蔓延。"事实上，大费城作为一个案例，过去经常被布鲁金斯学会拿来研究衰败和蔓延之间的关系。该学会的研究报告以严峻的事例描述了费城地区在遭遇城市衰退和农用地以及开阔地的消失时所面临的挑战。[6]可以用一件事来概括那些严峻的事例：托尔兄弟。托尔兄弟公司坐落于蒙哥马利的霍舍姆，是美国第一家豪华建筑承办商。该公司之后有着大量的模仿者，它比从欧洲到费城早期定居者后的任何时间里的任何人，都更快、更剧烈地改变了费城大都市的景观。

然而，大费城有着明智的城镇规划、公共交通、阶层混居的遗产，以及房屋前门廊和茶余饭后闲聊的文化，这些使得"精明增长"相比于其他地方也许更适合费城。理所当然地，汤姆·希尔顿是美国关于精明增长的许多改革领导者中的一个，他在波茨敦完成了许多工作。[7]如果说衰败和蔓延是由于精明增长的原因而引起的，以及如果衰败和蔓延引起了许多区域的矛盾，那么解决这些问题的方案在于区域合作。甚至那些政治生计依靠培养强烈本地主义的政客们，也正致力于区域合作。布鲁金斯学会的报告推动了国家环境领导计划费城区域网络的创立。

很少有大都市地区进行了有效的区域合作。但是大费城地区相比于其他大都市地区有更加真实、迫切的合作需求。在费城过去50年饱受大量苦楚之时，宾夕法尼亚州并没好到哪里去。创造了经济动力的工业例如煤炭、钢铁和铁路，几乎已经消失殆尽。此时费城拥有全美的第二老龄化的人口，而且20世纪90年代它的经济并没有像其他州那样发展起来。大费城是当时宾夕法尼亚州唯一具有实体经济活力的地方，但是大费城的工作岗位和人口增长远低于其他大都市的工作岗位和人口增长。在1989～1999年期间，美国就业增长为20%，而特拉华谷只有7%。相应的，大匹兹堡在整个20世纪90年代没有真正的增长，匹兹堡自身滑向经济崩溃的边缘。由于布什政府执政期的第二次经济衰退，整个宾夕法尼亚州的就业在持续降低时，大费城却经历了少量的就业增长，正如我所写的，这不清楚是不是证明了经济的恢复。[8]

更简单地说，费城需要一个健康的区域去维系，并且费城的郊区需要一个健康的城市去发展。费城怎样发展，整个宾夕法尼亚州就怎样发展。区域化的思维方式非常有必要。

既然如此，我只有提出另外一些问题。一个城市至少有一条沿着边界固定的线，但是当我们考虑地区时，地区不存在清晰的边界。这个问题由地区这个称谓自身引起，倒不如说是因为地区缺乏称谓而产生：费城都市区难道就如同本书的标题？特拉华河谷，虽然直接地讲它不是一个河谷，并且这个称谓自身不是也忽略了这个地区的其他主要河流吗？那三州地区呢？大费城地区呢？这些称谓看上去都不令人满意[9]，也许只能在本书中一直沿用这些称谓。

从人口统计学的角度来看，正如我所写的，费城在与诸如凤凰城城市聚集的竞争中成为美国第五大都市地区。费城大都市地区总的来说包括宾夕法尼亚州东南部的五个县——费城、巴克斯、蒙哥马利、特拉华和切斯特（虽然后者直到最近才被认为是费城都市区的一部分）——伯灵顿县、卡姆登县和格洛斯特县在南泽西，纽卡斯尔县、特拉华在其北部，周边还包括威尔明顿城。

然而从地方建筑的角度来看，该地区无论现在还是过去都拥有更大的范围。地方建筑是指那种不具有正式规划或者由没有受过专业训练的建筑师所修建的建筑，它反映了人们特定的文化传统。我们所谈的地方建筑大体上是18世纪和19世纪的建筑。20世纪，住宅建筑、购物商场、农场以及其他建筑大部分已经被同化了，变成了大批量生产的产品。正如先锋民俗学家亨利·格拉斯所记录和展示的，在18世纪特拉华河谷产生了一种独特的地方建筑，它结合了英式建筑和德式建筑的传统。根据格拉斯的记载，这种日耳曼－佐治亚风格的建筑散布开来，在北部和西部、宾夕法尼亚州三分之二的土地上以及马里兰州北部都可以看到这种建筑。[10]

如果通过地区的交通路线给地区画一个边界，那么我们就会注意到殖民时期的铁路系统还有残留部分，道路的名字就是地区曾经如何连接的提醒：兰卡斯特大街仍然连接着费城市中心和那个叫兰卡斯特的小城市，切斯特大街仍然引领你去切斯特。你可以从费城到巴尔的摩，最后，沿着巴尔的摩大街从南面和西面出城。

感谢19世纪的铁路发展，一个人可以搭乘东南宾夕法尼亚交通局（SEPTA）的通勤火车从费城中心城到北边远至巴克斯县中心城的多里斯镇和新泽西州的特伦顿，南边远至特拉华州的纽瓦克，西边远至唐宁顿。通过这种方式，特伦顿成为大费城的一部分，而普林斯顿则不然。树木繁盛并富裕的大学城镇位于费城和纽约之间，具有北至纽约的通勤服务，但是没有南至费城的通勤服务。

从娱乐的角度来讲，大费城的半径在不断变大。19世纪的后半叶，由于新的铁路线路，费城人能够搭乘火车到泽西海岸旅游，从而躲避费城夏天的闷热。通过旅游他们建立了旅游城镇，从大西洋城的景观木板路再到开普梅维多利亚风格的姜饼。对于夏日度假的人来说，长滩岛、大西洋城的北部标识了费城和布鲁克林的边界。[11] 那些喜欢山风而不是海风的人们挤满了波科诺山的旅游胜地直到费城的北部。富有的费城人在暑假里甚至走得更远，在缅因州建立了费城的前哨基地。

在棒球流动的地理版图上，费城地区向西扩展到了雷丁，向北扩展到了斯克兰顿/威尔克斯-巴里，在那里费城人队具有棒球分会，向南扩展到了佛罗里达的清水市，为期数月的春训使那里成了费城的卫星城市。而音乐的影响造就了另一种地理版图。夏天当费城人队在费城南部训练棒球时，费城交响乐团则来到了纽约的萨拉托加温泉演奏。同时，在佛蒙特州的万宝路音乐节上音乐让人们变得更亲近，万宝路音乐节由费城人创建并仍然与许多费城人有着联系。

然而在美国的信仰版图上，大费城地区具有不同的形状。我怀疑大多数生活在大费城的人们认为他们自己，居住在美国最大的城市聚集区东北走廊线的中心，这一礼貌的名字用于称呼过去所称的"都市连绵区"，在音乐所影响的地理版图上，我们文化的方向为北—南。相比居住在费城大都市地区西部的人们，费城人与纽约人、波士顿人和华盛顿人有着更多的共同之处。许多费城人相信美国中西部其实开始于兰卡斯特县的某个地方，在一定程度上他们没错。

不管在何处给大费城地区画一条边界线，它都是一个剧烈变化着的地区。在经济上，大费城地区囊括波科诺山和泽西海岸，从精致的森林延伸到松林泥炭地，从苦咸的盐水沼泽到清澈的鳟鱼溪流。大费城地区的人造物不仅包括费城主城，也包括多个更小的城市，例如卡姆登、彻斯特、雷丁、唐宁顿和威尔明顿。这些更小的城市凭借它们的实力和特色，现在正是或过去曾是生机勃勃的城市中心。作为欧洲宗教异议者的吸铁石大费城从兰卡斯特县阿米什农场延伸到南泽西的蓝莓灌木丛和番茄地，虽然后者正消失在郊区扩张不断铺设的沥青路中。大费城包括特拉华县主干线上蓝色车流连接的城市和工薪阶层的城镇，还包括这个国家中极度富有的人和被压倒、绝望的穷人。

在美利坚合众国诞生之际，费城是这个国家的经济和政治中心。200年后，它在经济和政治上都有所落后。虽然它具有处于华盛顿和纽约之间的相对区位优势，但这也意味着它处于这两者不断增长的阴影中。作为19世纪30年代安德鲁·杰克逊和美国第二银行之间斗争的结果，费城失去了它在银行业的绝对优势。今天，在不止一代人的合并、收购以及其他行为后，费城地区大部分的银行业完成了总部外迁。作为地区内最大的银行总部，商业银行将它的总部办公室设置在新泽西的樱桃山而不是费城。樱桃山是第一次世界大战后许多开始发展的农村之一。由于费城及其地区在工业废墟上努力发展了一种新的战后工业经济，费城的增长使该地区被称为"钱带上的扣眼"，虽然令人瞩目，但最终能有多大的持久力还不清楚。

事实上，大费城从来没有一个标志性的经济身份，就像纽约等同于华尔街，芝加哥以肉类加工业闻名于世，或者底特律被称为汽车城一样。在18世纪，费城是殖民地中最精致手艺人的家，费城农村是最富有最多产的农业地区。在19世纪早期，费城地区引领着美国的工业发展，从城市北部的无烟煤矿到南泽西的玻璃制造，到合和公司的铁锻造，以及西部的其他地方。在整个19世纪，费城是发展和应用工业技术的领导者。20世纪20年代，费城作为世界工厂而闻名，这个名称捕捉了费城产品规模小以及没有一个单项产业掌控经济局面的特点。确实，20世纪20年代，相比于世界其他城市，费城及其周边地区的工业生产更为多样，从火车机头、花边、处理山羊皮、手卷雪茄到精炼糖。事实上在20世纪初任何工厂里生产的东西都可能在费城制造。

  这种多样性是有利于费城地区的。当第二次世界大战后工业经济开始下滑时，衰退并不像匹兹堡钢铁工业的崩溃那样惊人。相比其他地方，费城更长时间地保住了高薪水的工业岗位，一次只倒闭一个小工厂。这种经历上千刀才最终死亡所带来的后果就是，经济领导人和政治人直到最近才感到要规划和建立后工业化财富。去工业化过程由各种各样的国内和国际因素所导致，任何一种因素都超出了费城或者任何城市的控制能力。相比其他地方，例如克利夫兰、底特律、圣路易斯和匹兹堡，费城更好地渡过了经济风暴。然而在21世纪之初，大费城还没有完全建立新的经济体系替代旧的体系。只有19个世界五百强企业在

图3 制药业企业分布。制药业在该地区经济中占很大一部分。这张地图甚至没有显示新泽西州的制药业务。数据来自《费城问询报》

这一地区建立了总部。另一方面，许多人认为那些大的企业总部不会设立在一个大城市。惠明顿就有多到不成比例的企业总部，考虑到惠明顿是很小的城市，但是那些企业总部没有把它转变成一个特别有活力或者有趣的地方。

目前宾夕法尼亚州最大的制造部门是制药业，主要集中在大费城。事实上19世纪费城的许多高端药剂师甚至处于生物医学经济领域的最前沿，于是费城造就了一个传奇，通过他们书写了自己的历史。横穿新泽西州特拉华河的制药走廊已经发展成美国制药工业的中心，从费城的胡安妮塔公园社区（其中小互助制药公司的生产量为20亿基因药物胶囊）到蒙哥马利县（以疫苗争论闻名的默克集团占有415英亩的园区），再到兰卡斯特县的利蒂茨（辉瑞公司每年制造1100万加仑的里斯特林漱口水）。基于这种情况，英国制药公司夏尔也声称将北美分公司合并为一个新总部，并设立在切斯特县。[12]

最近，这一制药走廊已经开始积极将自身发展为旅游和会议胜地，这些都是后工业化经济的重要组成。劝说旅游者来观光已经证明比说服与会者召开会议更为成功。在费城地区经历了旅游人数增长（甚至是在"9·11"事件之后）的同时，与会者在使用费城的会议设施时，发现他们面对着一系列带有敌意，甚至欺诈，但却控制各项工作的工会组织。事实上，市长甚至是州长曾干涉并试图缓和劳动关系的双方。不管暂时的停战是否有效，伤害已经产生了。相比美国其他主要的会议中心，几乎没有会议团体返回宾夕法尼亚州会议中心。对于克里斯·萨尔图洛来说，在会议中心的劳资纠纷是整个地区的道德剧。他对我说："如果我们不能做好这件事，那么我们就做不好任何事情。"

然而会议中心的"战斗"打动我的原因是，比起那些必须要做的事情，有些事情其实没有那么重要。尽管会议中心对城市的经济健康做出了确定的贡献，但它和发生在中心城令人惊奇的复兴没有什么关系。数千名已经搬进中心城的新居民没有被会议中心所吸引，这个城市里生动的文化场所也不依赖与会者。许多城市的领导者视会议中心为城市后工业化经济的基石，可是各种美好的事情其实不依赖于会议中心而发生。诚然，许多州和地区的领导希望进一步扩大会议中心，显然会议中心就在市政厅的北边、宽路的东边，而且近来没有得到充分利用，很破旧，但他们却没有注意到会议中心自身正在恢复生机。

工作岗位跟随人们以离心的方式或是以其他方式离开城市。城市自身在持续失去工作岗位，整个地区的工作岗位也在急剧减少，这是由大的经济趋势和没有兴趣解决经济增长中隐藏的结构性问题的政治领导所导致的。更多的城市居民通勤去蒙哥马利县工作而不是相反，这使得许多规划师重新考虑"反向通勤"的整个定义。[13] 服务部门工作——一个巨大、种类众多的就业类别，包括从宾馆工人到专业计算机从业人员——已经以一种健康的速度在发展，但是可能仍然没有快到足以使当地经济与其他区域相竞争的程度。

快速发展的20世纪90年代的人口统计数据表明，费城地区的经济只有相对较弱的吸引力。在那段时期经济最蓬勃发展的年份，费城人口离开的比例小于纽约、芝加哥、洛杉矶、华盛顿和达拉斯等地。1995年至2000年间，从特拉华河谷迁出的人口占总人口的8.6%，相比之下旧金山的比例为14%。但是新迁入居民的比例也小于上面这些地方的任一个，这意味着大费城的人口增长在那些年只有3.6%，而旧金山的人口增长攀升了12%。正如宾夕法尼亚经济联盟大卫·索恩伯格所说："我们的确不具有人口向外迁移的问题。我们的人口发展滞后不是由于太多的人离开，而是没有足够的人进来。"[14] 最近的大学生统计也反映了这一数据，大学生是这一地区的主要"产品"之一。根据知识产业合作组织的一项研究，86%的大学生成长在大费城并在毕业后留在费城。但是只有29%的大学生是来自特拉华河谷之外并在费城地区毕业后选择留下。[15] 事实上，我们在这些统计数据中发现了一把双刃剑。这一地区可能不是新毕业生的第一选择，也不是其他人搬迁的第一选择，但是对于那些住在其中的人，费城是一个人们深深扎根的地方。

现在已形成了一种广泛接受的共识，即迁入的移民对大都市地区的经济起到重要作用。例如，在20世纪90年代纽约和芝加哥的复兴大部分是由于巨大数量外国人的流入——根据一种估计，超过25万的中国人来到了纽约城。从历史的角度来看，相比于纽约或芝加哥，费城一直都是一个更"本土"的城市。虽然实际上所有的移民团体都出现在费城地区，从俄国的犹太人到西非人到东南亚人再到阿尔巴尼亚人，大费城一直都是移民的第二选择目标。100年以来，随着工厂的轰鸣声，费城的地方风格无关轻重。今天，费城为地方风格缺失所付出的代价便是经济停滞。

近年来费城地区的经济僵化已经通过地区性的工作岗位竞争得以突显。肯顿复兴计划的一部分包括从积极地在费城争抢工作岗位，到慷慨地提供税务减免，跨越特拉河吸引雇员。也许有人会说这很有趣，威尔明顿已经做了相同的事情。与其想象费城地区通过增加工作岗位的数量进行发展，许多政治和经济领导人更视工作岗位为零和竞争。根据他们的观点，最好的可行办法就是从别的地区偷取工作岗位。

地方主义在多个层面上遭遇政治阻碍。最明显的是，大费城地区包括三个州，这意味着要对付三个州长、三个不同州的法律、不同的议会授权。虽然重要，但宾夕法尼亚州县层面的政府已经变得软弱和低效。由于费城城市和区县是相连的，许多问题是混合的，费城城市由此必须为所有的市政服务买单，也要为县层面的服务买单。由此，特拉华河谷本地的政治生活倾向于围绕着镇来组织。虽然和其他地方不太一样，但这样的政治架构有利于制定区域规划，从交通规划到土地利用到经济发展。当然其实还是很难进行区域协调的。

所有这些都描述了一幅大费城凄凉的景象。然而,这是最好的时代其实也是最坏的时代。最近的发展表明,在经济上和人口统计上,近半个世纪的后工业衰退,以及衰退中不断出现的问题,可能在20世纪70年代后期和80年代早期有所改观。人口已经稳定在大约150万,犯罪已经减少了,学校在有前景的领域展开了改革。钟摆已经转向。

费城地区具有其他地区嫉妒的教育和医药基础。确实从统计来说,费城具有全美最高的大学院校聚集度,以及第二高的医疗资源聚集度。例如,全美有六分之一的医生是在费城接受他们的教育。至于在新产业方面,"信息"经济需要的各种支撑体系,大费城已为21世纪做好了准备。而医疗中心、制药企业和大学的聚集度将费城置于生物科技经济的中心,许多人认为这将收获下一轮繁荣。

到20世纪90年代,债券市场已经对费城的政治领导人失去了信心,但无论如何,债券市场在不断变化,城市的政治也在不断变化。在市长埃德·伦德尔的领导下信心重新建立了,他是在几十年间最有远见的、精明强悍的大城市市长,并被原副总统阿尔·戈尔称为"美国市长"。尽管存在危险,预算是平衡的,人们不再认为城市处在经济崩溃的边缘。一个稳定、复兴的城市将会成为一个新的、充满活力的地区中心,这对人们来说是个好消息。

事实上,伦德尔没有做像人们广为称赞的那么大的结构性改变。他没有明显地重构城市或者经济体系,也没有根治城市学校的问题。他具有一种对管理艺术近乎完美的理解，更重要的是他让费城地区之内和之外的人都重新对费城感觉良好。无论他们会怎样，城市在有信念地行动，并且伦德尔为大量的费城人重建了这种信念。

在20世纪90年代，费城市中心经历了令人惊奇的复兴，这一复兴创造了数十个新的餐厅和文化场馆。其他城市的更新就是简单地将市中心空间转变为针对郊区居民的主题儿童游乐室（想想圣路易斯、哥伦布或克利夫兰），然而不像其他一些城市中心的更新，费城重生最显著的一部分是住在市中心的居民数量。在10年的跨度内，中心城里房屋存量增加了超过1.2万个居住单位，并且现在将近10万人居住在4.5平方英里的中心城内，使费城市中心成为美国第三大居住性市中心。[16]自从杰弗逊和富兰克林在费城的街道上走过，如今的费城市中心又成了令人兴奋、更有活力、生机勃勃的地方。

根据美国人口统计，费城同样具有最高密度的走路上班人数。如果你曾经在这个最适合走路的美国城市走过，就知道这是最正确的事情。然而，对于那些不走路上班的人们，费城地区在许多地方都具有无与伦比的公共交通设施。虽然SEPTA已经多年管理不善并且问题重重，廉价汽油的时代即将结束将证明公共交通是不可缺乏的。

如果市中心的生活从来都不太好，那么生活在市区的社区就会好很多。许多城市的社区——从马纳杨科到费什镇、从大学城到皇后村——都在改进，并且在其他地方不可避免的衰退感正在消退。很多社区都已经清洁整齐了，新的学校建筑正在修建、在包括费城北部各地的房地产都很火热，这些地方曾一度被认为是毫无希望的。对比20世纪70年代最坏的日子，不考虑种族和阶层，对于大部分费城人来说生活总体上已经好很多了。这并不意味着要对费城的实际问题扮演盲目乐观者，实际上这意味着相比于几十年以前，全费城地区的人们对费城的感觉不同了。怎样高估这种正在浮现的自信感的重要性都不为过。

确实，一种测量这种财富逆转的方法就是，倾听费城地区郊区居民不断增长的、公开表明的焦虑。渐渐地郊区居民为环境恶化、拥塞和社会异化而担心。在房地产投资涌入之前工业化社区的同时，新一轮关于"城市衰退"的故事在郊区社区的内部和被抛弃的购物中心里出现。

虽然很多东西将费城与其周边宾夕法尼亚州郊区、种族和阶层痛苦地分开，费城地区在最近的三次总统选举中确实证明了自身的政治潜力。传统上费城市区给民主党投了很多票，然而郊区是政治学者帕翠莎·克雷格所称的"主教派共和主义"的堡垒，帕翠莎·克雷格本人就是郊区的产物。[17]尽管国家和州的共和党在致力于种族权利方面走得很远，但是财政上持保守态度、社交温和的主流共和党人已被说服投票给民主党。在1992年和1996年，费城及其郊区中压倒性的大多数人们投票给了比尔·克林顿，使得宾夕法尼亚州其他地方的投票无关紧要。在2000年宾夕法尼亚州只投了很少的票给艾尔·戈尔，再一次发生压倒性投票的原因是戈尔只获得了东南部宾夕法尼亚州五个县的支持。城市—郊区再一次的共同衰落使得埃德·伦德尔在 2002 年被选举为州长，他是费城前任市长并且从他开始犹太人阶层得到了发展。在 2004 年，这种政治衰落使得约翰·克里被选为州长。相比之前，至少在某些选举的时刻，费城和它周围的县之间具有更多的共同点。

要利用这些，把这些碎片拼凑起来所需要的不仅仅是政治合作，还需要来自私人部门更积极和更有远见的领导（他们传统上是非常个体的），并且具有更广泛的意愿分享成功以及更公正地承担费城地区的责任；这需要社会思潮的根本转变。萨尔提略提出了这样一个反问句："20 世纪中哪一个大的经济发展对费城地区来说是有益的？"的确，从太空到计算机，再到制造业全球化的每个新经济浪潮都对大费城造成了极大的伤害。这在大费城地区造成了一种高于一切的保守主义。费城人都是奥林匹克级别的愤世嫉俗的人，并展示了一种比其他地方的人所具有的更大的意愿去抱怨这个地区。费城人似乎在 20 世纪后半叶学到了这个教训：现状可能不是太好，但是改变肯定是糟糕的。萨尔提略认为这种想法的后果就是"费城人只是不相信，虽然这个地区变好的每样事情已经存在那里了"。他继续说到："但是我们必须打破旧的规则并以新的方式进行思考"。

那肯定是正确的。但在一定程度上，这样一个陈述没能考虑到特拉华河谷及其人民的历史。费城已经位于大费城地区心脏位置 300 年了，并且影响了这一地区大量的社会、政治和经济变化。在这 300 年中，它很好地把握了其中的一些变化、也造成了一些问题，但是不管怎么看，它都从这些变化中幸存下来，适应并重塑自我、保持自我的位置和特点。正如最近 300 年中，滔滔河水从费城桥下不停流过。

在本书中我将通过一些新的议题追寻费城大都市的特点。这些议题是我对什么能够解释这一地区、什么使它聚集，以及什么使它有别于其他地方的一种猜想。如果我做出明智选择的话，本书将既提到一些熟悉的事物，也将如我所愿地帮助人们以一些新的方式看待这个地方。

本书接下来实际上包括五篇主题文章，我希望这五篇文章是分别独立的、但是整体上能够捕捉到这个地区意味着什么。第 1 章考察建立这个城市的乌托邦冲动。威廉·佩恩将信仰容忍和城市规划的先见之明带给了他的费城，这使得这座城市也许是在新大陆上所建立的、任何一个欧洲乌托邦实验中最大胆和最具特色的城市。现在这个地区中的贵格教徒也许只是非常小的一个群体，但是我相信他们的乌托邦遗产以多种方式继续存留着。第 1 章剖析了当我们称费城为贵格城市（Quaker City）时意味着什么。

在第 2 章中，我分析了费城地区的集体历史意识，以及它造就当下的作用。许多地方都表达了对他们自己历史的骄傲，但是大费城与历史的关系要比这个国家中任何其他的地方都要漫长并更为复杂。借作家纳撒尼尔·波普金的一句话，费城的历史——尤其是它与国家建立的联系——是脖子上挂着的王牌和沉重负担。这一章试着阐明费城地区的人民与过去的历史亡魂如何共同生活。

费城曾经被普遍认为是一个蓝领城镇、一个午餐盒之地，那里的生活紧紧与工人阶级领地交织在一起。我在第3章中讨论了这种观点不是非常正确。相反，大费城过去是形成我们谈到美国中产阶级时所意味的东西的中心。从一家一宅到中产阶级在泽西海岸和波科诺山的夏日度假，大费城对美国中产阶级标识的出现起到了明显贡献。它也是工人阶级——工匠和工厂工人——能够第一次立志过上中产阶级生活的地方，在这种意义上大费城造就了我们自身作为中产阶级国家的意识。

第4章将我们带回大费城地区最初的生命线：特拉华河和斯库尔基尔河。在此我们追溯了两条河流造就大费城地区人类活动的方式，包括这两条河流如何从我们日常意识和日常生活中消失，以及在后工业化时代中我们在多大程度上接近重新发现大费城地区这两个最重要的自然特征。这两条河流没有受到政治、种族或者经济分割的打扰，能够在将大费城地区联系在一起的过程中扮演更重要的角色。

最后一章（第5章）试图在文化之伞之下将上述的主题交织在一起。18世纪以来费城一直处于美国文化生活的中心，在这一章中我考察了某些公共机构和某些大师，以探究他们对于大费城地区形成愿景的影响，这些愿景与乌托邦冲动、地区历史、中产阶级以及中产阶级意识相关联。毕竟大师们赋予了我们头脑中对于地方的认识图景，我通过费城大师们遗赠给我们的图景来结束这本书。

一些问题重复地出现在上述的这些章节中。我感兴趣于特拉华河谷的人们与历史互动和共生的方式；他们是如何与景观相互作用的，以及他们是如何与那些起初造就了整个大费城地区的规则和环境相互作用的。如果这些文章饱含历史，请原谅这位历史学家作者狭隘的兴趣。然而，我确信费城地区以一种其他地方没有的历史观而生活，而正是这种历史观造就了费城地区的区域观。

在本书中我所选择考察的主题不是城市历史学家们和城市研究学者们通常研究的那类。他们的大部分工作持续集中在定量问题上，定量问题是那些能够被计数和数字性分析的问题，例如工作、住房、人口统计和经济学。这些主题很重要，但它们没有办法捕捉到任何一个大都市地区人们生活经验的总体。生活不仅仅是它可计量的部分的综合。我试图对费城大都市地区进行一种偏重文化的分析，所以在本书中提出上述章节。"文化"是一个狡猾的分析词语。一方面，借鉴于19世纪评论家马修阿诺德的观点，文化是一种对知识分子、美术作品和严肃文学、歌剧和交响乐的速记。另一方面，我们使用文化一词的方式与人类学家一样，它意味着特定群体人们的模式和仪式、传统和信仰。这两方面中的前者确定地造就了后者，反之亦然，而二者相互交织的部分就是在本书的研究中最令我感兴趣的部分。我相信这一领域的文化尽管模糊且难以确定,但它就像硬数据世界一样重要,我们必须去研究。

在撰写本书的过程中我敏锐地意识到是在射击移动标靶。我尝试在过去和现在之间编排的舞蹈异常复杂,其原因在于像费城这样巨大而充满活力的大都市总是瞬息万变的。历史学家具有完全充足的时间获取有关过去的资料。我只能希望我所选择关注的议题和主题将证明它们自身比那些从当今事件舞台上疾驰而过的事物更为长久。改述一位19世纪作家的话,我的困难是,不管其年纪,费城不会因为我对它进行画像而静坐不动。

还有最后一个办法理解费城大都市的特征。在人们如何构思自己以及他们的身份这个层面上,大费城的边界证明是几乎不能被勾画出来的。塔斯提糕饼公司所生产的数量巨大的糕饼被定期运到这个国家各处失落和想家的费城人手中,特别是在佛罗里达、得克萨斯和加利福尼亚三个州。其中的一些费城人已经开设了专卖费城食物的餐馆,这些餐馆提供的食物以玉米肉饼开始,继而是一道软椒盐饼(配以芥末酱)和奶酪牛排三明治的主菜,最后以一个塔斯提糕饼(这或者会引起冠状动脉健康问题)结束。[18] 根据一篇近期的报道,一个远游的费城人在泰国开了一家卖费城奶酪牛排三明治的餐馆。

于是引出一个声明:本书中,我将通常在费城地区居住或者属于费城地区的人们称为"费城人"。最后,也许费城城市为地区做出的最大贡献,以及费城地区对费城城

图4 在泰国的某个地方,老鹰队球迷在聚会。由艾莉森·康恩提供

市的最大亏欠,是无法言喻和不可估量的。说出一句"我来自费城"给了人们对自我的定义。这意味着无论什么,都不同于说出"我来自芝加哥"或者"我来自凤凰城"的意义。我怀疑当费城地区的大多数人们被特拉华河谷之外的人问起他们来自何处时,他们都会称自己是费城人。毕竟,不管说出"我来自费城"会意味着什么,相应的"我来自霍舍姆"或者"我来自上都柏林镇"不代表任何意思。不管怎样,愤怒或者爱,我们都是费城人。

　　这座赤裸真实的城市中有着百万个故事,与关于这座城的故事一样多。而这个故事,是仅属于我的故事。

第 1 章

威廉·佩恩的印记

客观地讲,我认为没有哪个美国城市像费城一样,仍然如此彻底地以它的建立者威廉·佩恩(William Penn)为特征。波士顿人可能还记得约翰·温斯洛普(John Winthrop)与所建立城市的联系,纽约人以皮特·斯蒂文森(Peter Stllyvesant)的名字命名了一所高中,但在真实中和比喻上,费城人都生活工作在威廉·佩恩的身影之下。他36英寸高、26吨重的雕像,从市政厅塔的顶部凝视着他的城市,并且他的名字关联着每一件事,从佩恩城市电梯公司到宾夕法尼亚州自身。"如果一个人建立了一座城市",如历史学家理查德·邓恩(Richard Dunn)和玛丽·马普尔·邓恩(Mary Maples Dunn)所写的:"威廉·佩恩建立了费城"。[1]

佩恩怀着乌托邦梦想来到新世界,从此费城成为这些梦想愿景的现实。其实仅仅如此还不算太特别。17世纪、18世纪甚至19世纪的美国历史能够被书写为一系列的乌托邦实验。这些实验中一些是以宗教为基础,影响深远,

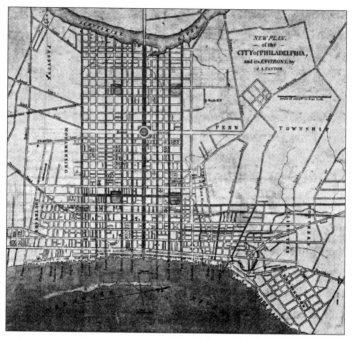

图5 约1811年"乌托邦"式的形态。威廉·佩恩的网格状城市形态体现了他对有序社会的渴望。在佩恩铺设了他的"网格"后,几乎美国的每个城市都采用了这种方式。由费城图书馆公司提供

例如波士顿清教徒(在清教的正统和不宽容中相当激进)以及震教派社区;其他的则是坚定的世俗实验,例如罗伯特·欧文在印第安纳州的新和谐镇以及约翰·汉弗莱·诺耶斯(John Humphrey Noyes)的奥奈达(Oneida)。大部分的实验都已消失。相比之下,佩恩的乌托邦愿景则成为费城显见的一部分。

这一远见从17世纪晚期开始实践,分为两部分。第一部分造就了费城城市的物质空间。由于经历了伦敦

1665年的瘟疫和1666年的灾难性大火，佩恩想要他的费城成为"一个绿色的乡村城镇，那里将永不会烧焦，会永远保持完整"。[2] 他所提出实现这一理想的方式既简单又具有革命性：网格。

由于他对一块非常大的土地具有所有权，佩恩单独划出了一块大约2平方英里的土地作为"大城镇"。他就在这块土地的边界内划分规则有序的网格。街道笔直，设置为南北向和东西向，并呈直角相交。两条最宽的街道——现在成为市场街和宽街——比起17世纪伦敦的任何一条街道都要宽得多。1683年在伦敦，在一份名为"费城城市的肖像画"中网格规划第一次公开亮相，这个规划是一个旨在吸引买家的广告。通过这个网格，城市铺展开来，成为大概自罗马时代以来西方城市规划领域最大胆的行为。在启蒙理性早期的实践中，佩恩在美国的荒野中实践了抽象的几何学。

网格的目的不仅仅在于抽象、几何的实践。佩恩相信有序的空间将形成一个有序的社会。理性的空间造就理性的人民。直线的几何是佩恩维持这个城市低密度的方式，或者至少是低于大多数欧洲的、典型紧凑而拥挤的城市，也是一种创造宽敞的绿树环绕建筑房屋用地的方式。网格就是乌托邦的形状。

佩恩将其乌托邦梦想的后半部分具体化到了这个地方的名字里：费城，兄弟之爱的城市。根据启示录中的记载，这个名字来自耶稣复活后布道的城市。[3] 众所周知，佩恩是一名基督教公谊会成员、一名贵格会教徒，并且他意图让他的新城市成为贵格会信条的现实展示。最为著名的是，佩恩将费城建设成为一个宗教宽容之地，它对任何宗教派别都敞开大门。与波士顿不同的是，波士顿在17世纪的目标是保持加尔文教派与外隔离和内部同一，而佩恩希望费城成为多样化的城市，并且很快地实现了这一目标。

就像网格一样，宗教自由是一项革命性的进步，并且宗教自由在几乎整整100年之后成为美国宪法所赋予的国人权利基石。贵格会自身发展于欧洲17世纪的宗教动乱，那是一个见证了整个欧洲大陆由于宗教分歧而分裂自身的年代。考虑到这段历史，17世纪80年代的宗教宽容是难以想象的，当时不同宗教之间要么认为对方是异端分子，要么是完全疯狂。

规划和原则以一些相互加强的方式共同出现。正如最初对网格的预想，城市向内部看着自身，朝着位于中央的中心广场，别的地方也都平等地没有超过其他网格，非常像贵格会礼拜堂中长椅相互面对面摆放的方式。新的城市规划理念于17世纪兴起，但是许多理念都试图组织空间以展示权力，这让我想到了凡尔赛宫。华盛顿特区以对角线切割直线的网格，成为美国人用空间展示权力的城市。佩恩是巴洛克时代的产物，但佩恩的网格却丝毫与巴洛克无关。

不仅如此，费城的城市规划还通过没有包括的东西——围墙或者任何其他防御工事——实现兄弟之爱。随着由中世纪进入现代社会，围墙在欧洲逐渐消退，但是在美国围墙仍然被确定地认为是一种必要的战略防线。然而佩恩认为他的城市将成为一个和平的城市，因此费城被建设成为一个开放的城市。

威廉·佩恩实践他的"神圣实验"以回答一个问题，即我们怎样能建立一个既宜居又兴旺的城市，并且这个城市能够被不同文化、信仰和种族的人们和平共享？当我们环顾当今世界，从卢旺达到津巴布韦，从北爱尔兰到科索沃，上述问题在现在如同在1683年一样紧迫。没有一个人能声称费城最终肯定地回答了这个问题，但是我认为公平来讲费城比任何其他地方都更长久地正视这个问题。这种正视虽然不是只有费城经历了，但费城对它更为自觉自知。因此，这个问题一直处于费城地区标识的中心。

然而，佩恩对费城远见的深处存在一个关于城市聚集的深远矛盾。约翰·温斯洛普清楚地设想马萨诸塞湾殖民地是一个"山上的城市"，但是佩恩寄望于一个更为田园的论调"绿色的乡村城镇"。然而在向世界发表的"宾夕法尼亚州的一些考虑"中，他认为一些所称最好的土地"应该被划作城镇或城市使用"，他同时向他的妻子歌莉尔玛（Gulielma）吐露，"具有广场意识的城市或城镇……一种为了我的孩子、我最喜欢的乡村生活和房舍"。他向世界推销费城，但是对于自己他在城市的北面、特拉华河旁修建了一所乡村房舍——佩恩斯伯里庄园。

佩恩从而同时成为城市的创建者和城市的第一代郊区居民。在这个意义上，佩恩也代表第一代大费城地区的居民、第一代在城市及其周边地区之间通勤的人。从历史的角度来讲，贵格会教徒——佩恩也在其中——渴望既存在于世俗之中且又超脱其外。他们担心"世俗的"影响带来腐蚀，通常"世俗"是城市的同义词。于是自相矛盾的是，费城大都市是由一个起初深深地对城市感到焦虑的人创建的。

城市存在于其基本的公共事务，存在于人们基于公共空间居住和往返的地方，而在公共空间中人们创造了一种用于构建公共事物的意识。在某个层面上，贵格会是内省的，并且贵格会教徒在17世纪和18世纪对于公共世界有一种深刻的怀疑。美国人对于他们的城市一直有一种复杂的反应，即同时存在受吸引和排斥。通常我们从托马斯·杰弗逊（Thomas Jefferson）的身上能追溯到这种爱恨冲动，和任何一个18世纪中横渡大西洋的城市居民和大都市居民一样，他希望联合政府一直保持为一个自耕农的国家。事实上，这种美国人与其城市之间的不适关系始自威廉·佩恩和他自特拉华河谷的"神圣实验"。于是，借用历史学家山姆巴斯华纳的一句话——不管如何地矛盾——费城是一个"个人城市"。

根据华纳的观点，"个人主义"从一开始就定义了费城，而"个人主义"意味着个人独立、财产积累以及为一个人的家庭而不是较大社区所吸引。[4]"个人主义"不仅仅是费城的市民精神也是美国人的民族精神，那么在这个意义上费城又一次地成了民族榜样。作为美国人，我们的生命、自由和对幸福的追求受到保护——这是对个人而不是集体

图6 到18世纪末,费城拥有美国城市中最具影响力的、自由的黑人社群。这个社群在六街和隆巴顿街建立了伯特利非洲人卫理主教派教会。"伯特利圣母"教堂今天仍在那里。由费城图书馆公司提供

概念的简洁概括。这句话是一个弗吉尼亚州人写的,但是他在17世纪市场街的一间屋子里写就的。

这一章将考察这两部分的乌托邦愿景在过去的三个世纪中发生了些什么,以及将思考这一远景对于当前居住在佩恩所建立的地区上的人们意味着什么。

在某种程度上,这一实验被证明获得了巨大的成功。

费城在它最初的100年间发展兴旺。佩恩认为港口具有巨大商业潜力的预见是对的。贸易驱动这个城市的经济,并且将它与东部的其他海港、西印度群岛、欧洲甚至中国连接起来。信仰自由吸引了各种各样的人们来到这一

地区，他们其中的一些人留在了城市，其他的人则穿过城市到内陆定居。德国人分布广泛并在德国镇建立了他们的中心，威尔士农民围绕着费城的在各处地名上打下了他们的印记——例如布林·莫尔（Bryn Mawr）和巴拉·辛魏德（Bala Cynwyd）。各种各样的移民构成了费城港口最大的"进口"。对于在18世纪后四分之一的时间里，在与美国独立战争和建立共和相关的事务中，费城扮演主导地位绝非偶然。在那段时间里，费城已经成长为西半球最大的城市，也是最兴旺的城市。

由于佩恩的"神圣实验"，在美国任何一本宗教史上，费城地区都显得格外突出。长老会的成员最初扎根于费城，建立了这个国家第一个长老会。浸会教也是如此，1707年浸会教通过美国协会得到建立。事实上，到今天美国浸会会议仍然以费城为总部。费城还是信教圣公会教堂在美国首次建立的地方，它的第一任主教居住在核桃街上一栋优雅的房子里。在这座房子的南边，在六街和隆巴顿街，这座城市中自由黑人的社团成员聚集起来，建立了非洲人卫理主教派教会。这是这个国家中第一个独立的非洲人教派。

这个城市的宗教宽容是新教徒的首要考虑因素。但是这座殖民城市也吸引着天主教徒，他们首次聚集在现在被称为"老"圣乔教堂。尽管这座城市对天主教徒的欢迎是试探性的——天主教徒发现他们主要生活在这座城市的边缘——他们在这里受到的待遇与在波士顿受到的待遇无疑是不同的，在波士顿他们受到了迫害。同样地犹太教也在

18世纪来到了费城，虽然他们不是特别受欢迎，但他们也没有受到迫害。这座城市里第一个犹太教社区在米克非以色列墓地埋葬了他们第一个逝者，这座墓地仍然坐落在云杉街。

这种宗教多元主义意味着这一地区成为明显不同种族人们的家园，尤其是对说德语的人。宾夕法尼亚州荷兰人——更合适的称呼是宾夕法尼亚州荷兰裔——他们在费城的成功对大多数人来说都很熟悉。但是阿米什人是唯一一个讲德语、为了费城而离开家的宗教异议团体。门诺教徒也来到了费城，还有摩拉维亚教徒，他们于1740年在费城的北部、特拉华州一个叫伯利恒的镇建立他们的社区。

第一批施文克菲尔特教的教徒（Schwenkfelders）为

图7 佩恩的宗教宽容宣言使费城成为各种欧洲宗教团体的入驻定居点。摩拉维亚教徒在费城北部的伯利恒镇定居。由费城图书馆公司提供

逃避天主教的压迫，于1731年来到费城。德美浸会教派（Dunkers）也于相同时间到达。在1720年，另一个新教变节者康拉德·贝塞尔（Conrad Beissel）从停靠在费城码头的一条船上走下来。他向西进入今天叫作兰卡斯特（Lacaster）县的荒野，并于1732年在埃弗拉塔（Ephrata）建立了与世隔绝的、禁欲的宗教社区。虽然这个社区没有维持多长时间——禁欲的乌托邦很少能维持很长时间——贝塞尔和他的追随者留下了漂亮的、具有启发性的手稿和他们自己的音乐，还有一些非常有趣的仿中世纪晚期的民居建筑仍然矗立在埃弗拉塔，像德国一样。

埃弗拉塔的建筑作为一种提醒，虽然特拉华河谷距离欧洲遥不可及，但是佩恩的宗教宽容见解使得这一地区成为欧洲宗教和政治高地的中央地带。随着18世纪的到来，费城在国际事务舞台上的作用自然不断上升。

远远超过作为国家宗教生活中心的功能是，威廉·佩恩建立的宗教自由使得费城成为第一个涉足宗教在世俗公共生活中功能的城市，并且使得费城成为第一个在教堂和政府之间确立边界的地方。宗教多样性意味着没有哪一个单独的宗教占主导地位，确实贵格会教徒很快发现他们自己只是这座贵格城市里统计数字上的少数派。其结局就是，费城人享受他们私人宗教事务的自由，同时他们也建立了一种世俗公共文化。正如历史学家悉尼·奥斯龙（Sydney Ahlstrom）所描述的，费城和它的周边地区成为这样一个地方，即在这里大量的宗教群体首先"经历了困难并发现了大量共存的可能性，这些为美国民主提供了基础"。[5]

18 世纪费城是启蒙运动新大陆的中心。同样无可避免的是，青少年时期的本·富兰克林离开在波士顿的家后来到了费城。当来到费城，富兰克林发现一个非凡而独特的、宗教观点的"自由市场"。[6] 这个自由市场意味着宗教观点可以被乐于探讨的任何人评价其优点。对于富兰克林来说，正如在自传中告诉我们的，他在费城发现的宗教自由意味着选择完全不依附于任何教派。对于富兰克林和其他许多人来说，神和教派看上去是完全没有联系的。

对于那些参与争论的人们来说，宗教变成了一种选择，而不是传统、习惯、法律甚至教育组织。自然，移居费城的富兰克林成为美国对启蒙运动贡献最大的人。在富兰克林的无数项目中有一个是后来成为宾夕法尼亚大学的学校，这是这个国家第一所不附属于宗教的高等教育机构。

这一宗教的"自由市场"是费城成为美国启蒙运动中心的要素。宗教成为一个在友好的费城中咖啡馆、街角和客厅里用于辩论的话题。费城的宗教自由和多样性意味着宗教实践成为个人领域的一部分，而不是政策和法律公共领域的一部分。作为一个英国内战中由宗教引发暴力的见证人，与其说佩恩深刻理解将教堂保持在政府之外的重要性，还不如说深刻理解将政府保持在教堂之外的重要性。这是一个我们似乎已经忘记了的发生在英国的教训，在 300 年后佩恩颁布了权利宪章。

如果模仿是最高形式的奉承，那么费城确实在早些年被公众所奉承着。一个又一个城市把自己规划成网格状。纽约城起初在随意交错的街道上开始它的生活，在19世纪初实行了网格，尽管这一网格没有佩恩的公共空间。从纽约到旧金山之间的许多地方，19世纪网格成为美国城市形式的典范。自从费城之后，事实上美国的镇和城市都变得像费城[华盛顿特区作为一个例外，在那里杰弗逊和他的工程师皮埃尔·L·昂方（Pierre L'Enfant）试图将佩恩的网格和路易十四的凡尔赛结合起来，这可能解释了为什么华盛顿特区的交通如此难以运转]。

对于佩恩来说，网格自身并没有构成一个目的，而是作为一个手段达到目的。我已经简要地提到过这些目的：绿色的乡村城镇，远离火灾和疾病的地方，一个和谐有序的地方。

然而紧接着，佩恩对于这座城市的愿景变成了这座城市兴旺至极后的弱点。随着作为主要"进口"的移民踏上费城的码头，这座城市的人口快速增长并且拉紧了宽网格规划。几乎同时，佩恩的城市最初的街区被买卖和划分。结果就是蜂巢般的狭窄街道，全部排列着紧密的住宅。那些街道和小巷很快变得藏污纳垢且疾病丛生，最大的灾难是1790年夏天发生的黄热病扫荡了人口密集的社区。在它第一个100年之后，费城成为北美最重要和最兴旺的城市中心，并且也变得不像佩恩设想的绿色乡村城镇。

尽管如此，费城的网格仍然展现了非凡的影响。确实，美国整个西北地区都是网格状的，并且城镇都是围绕着一个中央广场规划的。中西部遍布小城镇和县，南部地区围绕城镇广场进行建设，这都是借鉴于费城的规划。[7] 随着 19 世纪的消逝，以费城为中心进行辐射的铁路沿线建立了许多小城镇。这些城镇也使用了网格规划，其中的大部分城镇——很快可以想到纳博斯（Narberth）、梅地亚（Media）、阿德摩尔（Ardmore）——形成了自己的特点，成为大都市的卫星城。

当然网格不是完美的，许多人长年抱怨，觉得网格造成了城市街景的雷同和乏味——没有美丽狭长的街景，没有小特点，只有可预见的准确的几何韵律。作为这种观点的一个结果就是网格在 20 世纪受到了挑战。首先，在城市自身内部，20 世纪 20 年代的规划师们创建了一种穿过网格的、巨大的对角线。本杰明·富兰克林公园大道起到连接城市中心和城市周边的市政艺术博物馆及公园系统的作用。作为城市规划中"美丽城市"的产物，公园大道在贵格教派的平淡城市中创建了法式戏剧的变化。[8]

第二次世界大战后，费城人如同其他地方的人一样完全忘记了网格。正如城市的郊区蔓延，它们也沿着肾形街道、尽端路和高速公路的交流道蔓延。在这种意义上，费城的郊区大体上与战后大多数郊区发展一样不具有辨识度。它们也有着相似的结果：开阔地和农用地的消失，令人沮丧的交通堵塞和社区意识的丧失。

让费城郊区居民如此失望的原因是，费城成长于美国最具有革命性的城市规划的影响下。我们早应更好地理解这一点，那我们也就会做得更好了。下一个50年的挑战将会是重拾费城好的城市设计和相应的区域转变的经验教训。

近来，新的城市规划设计师中关于精明增长的提倡者和他们的同盟者们试图让美国人重新思考，我们应该怎样发展我们的城镇。这些规划者和设计者强调，城镇是街道可以用来行走，而不是开车经过的地方；公共空间是市民的荣耀来源、市民生活的中心，以及聚集和混合用途发展的地方，而不是无目的和离散的蔓延。在这些规划者和设计师中最具口才和最有影响力的人就是托马斯·希尔顿（Thomas Hylton），他是一位居住在波茨顿的新闻业者、活动分子和思考家，但是他的观念的影响却遍及全国。他和其他志同道合的人们正在尝试将城市规划引向把人们聚在城市中心，而不是由汽车、购物中心和立体交叉道。兴许，还是威廉·佩恩笑到了最后。

任何一个人望着矗立在市政厅塔上的威廉·佩恩雕像都会感到困惑。塔坐落于佩恩最初所规划的网格中心，这个网格是严格的根据南北、东西进行规划的。然而佩恩的雕像却不是这样的。他的雕像面微微朝着东边方向，如果看细微动作的话可以明显地看到他的左手稍微抬起一点。佩恩的雕塑望向何处或者他在指着什么都不是很清楚。

这尊雕像的雕塑家亚历山大·考尔德（Alexander Calder）想要他的雕像面向南方指着宽街，这样佩恩的脸就能一直面对太阳。在19世纪最后25年里，设计和建筑市政厅的人们坚持让这座城市缔造者的雕像转向佩恩条约公园,而不是让雕像和网格平行,佩恩条约公园是佩恩和莱伦尼·莱纳佩印第安人(Lenni Lenape Indians)签署著名条约的地方。于是,佩恩雕像保持了指向居住在特拉华河谷第一批国民的姿势,这也是一种欢迎、宽容与和平的姿势。

条约是 1682 年在一个枝叶铺展的大榆树下签订的,这个地方现在是肯辛顿的一个城市社区,但当时位于费城边界之外。佩恩离开欧洲时,欧洲正处于宗教战争肆虐之时。他在定居者和原住民间的野蛮战争刚刚结束之时抵达新大陆,这些战争包括在新英格兰的所谓菲利浦王之战和在弗吉尼亚殖民地的培根之战。通过这个条约,他基本上买到了所需要的莱纳佩人对土地的所有权,并且很慷慨地付了报酬——最少是根据当时的标准。佩恩的城市没有堡垒,并且通过这个条约佩恩保证了与印第安之间的和平关系。这是欧洲人和美洲原住民之间商定的、仅存的没有被打破的条约。正如佩恩自己所写的:"现在让我们试试这样一种爱,即如果人们看见我们爱他们,那他们也不会伤害我们。"

于是传奇开始了。

我们知道佩恩在 1682 年以及 1684 年支付了许多款项。但是除此以外,在任何较高的确定性上,我们真的不知道关于交易的更多信息,例如当时有谁,谈判了哪些条件,甚至在哪里进行的交付。似乎没有当事人认为有必要进行记录，这没有关系。200年后，当人们将36英尺高的威廉·佩恩雕像安放在市政厅塔上时，人们让他面向如今众所周知的、他与莱纳佩人会面的地方。

如果你能在脑海中想象这一场景，那可能是由于你曾见过本杰明·韦斯特（Benjamin West）所画的这一场景的、不管是哪一个版本的画。这幅名为"佩恩和印第安人的条约"的作品完成于1771年。韦斯特成长于身边围绕贵格会教徒的穷乡僻壤、如今是斯沃斯莫尔（Swarthmore）的地方，当他接受绘制佩恩条约的委托时已经来到了伦敦。这一委托来自佩恩的孙子托马斯·佩恩，他当时正在万里之外的英国乡村别墅中运作殖民事宜。自然，在1771年，托马斯·佩恩的规划和北美其他的英国殖民事业一样，变得困难、有争议。似乎托马斯·佩恩委托这一绘画是想要提醒费城人他们所继承"和平王国"的遗产，以及他和费城创建者和平与和谐之梦的联系。引申来讲，推测起来他是希望这一提示能停止费城人给他造成的许多问题。事实上，在18世纪末，佩恩的"和平王国"被神话了——和印第安人的条约代表着一种失落，一个兄弟之爱之城变为兄弟反目之地。

至少从托马斯·佩恩的角度来看，这幅画并没有产生所期待的效果，并且在1776年之后他变成了一个历史脚注。然而，这幅画却获得了不同凡响的生命，通过各种可能的方式被复制了无数次，《佩恩的条约》这幅画几乎成为19世纪美国广泛存在的画，特别是在特拉华河谷。甚至在平时避免装饰室内的贵格会教徒家中,也会有一副平版印刷或两幅绘制的画挂在墙上。19世纪中期,完全有可能见到人们观赏这幅画的同时,用印有此画的瓷盘进食,在停下进食的空隙透过刺绣此画的窗帘看向窗外,并且喝完印有此画的玻璃杯中的威士忌来结束一餐,最后盖着印有此画的被子睡觉。人们对这幅画的热情慢慢增长的原因是,约瑟夫·哈里森在1851年买下原版的佩恩条约,并将此画带到了费城。

爱德华·希克斯(Edward Hicks)是那些复制和传播这幅画的人们中的一个,由于他从来没有见过原版真迹,他对着某种复制品将这幅画翻绘了好几版,绘制的复制品相对原版来说都是小幅作品。希克斯生于1780年,他一生中大部分时间是在费城北边巴克斯县的贵格会社区度过,他的邻居中有废奴主义者和女权主义者卢克丽霞·莫特。希克斯是现在最著名的和平王国中的"民间"画家。一些人将希克斯绘画的狮子躺在羊羔旁的场景解读为贵格会教徒关于内心之光的概念的形象化,也解读为一种人类和平的景象。其他一些人则看到和平王国内部存在分裂的寓言,这一分裂是在1849年后发展出来、也是希克斯希望愈合的。到他1849年逝世时,他绘制了100多幅各种和平王国主题的作品。许多作品中将《佩恩的条约》这幅画演绎为背景或位于旁边的小幅绘画,在前景强调动物所表达的信息。[9]

然而当《佩恩的条约》这幅画来到费城时,这幅画的

图 8 到 19 世纪,佩恩与印第安人签订条约的故事已经成为这个城市和国家"传说"的核心部分。本杰明·韦斯特所绘的这张图已经变成了小孩的拼图玩具。由费城图书馆公司提供

意义已经改变。19 世纪中期,美国踏上了一条屠杀美洲原住民用以表明我们命运的不归路。人们在韦斯特的画作中发现了被遗忘的可能性。毕竟佩恩证明了白人和美洲原住民之间能够存在其他的关系。当 1857 年费城纪事的读者收到一副赠送的"佩恩的条约"雕刻时,这块雕刻上附有夏洛克的一首诗:

> 它描绘了多美的一幅场景啊,
> 条约,以正义,真理和爱为框架,
> 我们的城市创建者与和平的"朋友们"
> 不向任何诡计低头,实现他们的目的;

怀着坚定的自信，

他们的印第安兄弟占有那片土地，

这个事件，印证了一句格言，

并且证明我们的佩恩是"比剑还要锋利"。

佩恩规划他的乌托邦时正值宗教战争的时期；这一规划由杰·韦斯特演绎，在印第安战争之际广泛传播。19世纪晚期，至少对一些美国人来说，佩恩和他的条约强调了乌托邦的彻底失败，只要想想从费城到伤膝河大屠杀之间的距离、从和平王国到印第安保留地系统之间的距离、从兄弟之爱到种族灭绝之间的距离。这就是那座非常大的雕像上小小动作所度量的距离。

佩恩应该占据市政厅塔的重要位置，这也强调了没有哪个美国城市像费城一样与他的创建者如此联系紧密，也没有别的城市像费城与贵格会保持联系一样仍然与一个教派保持着联系。波士顿可能曾经为清教徒建立了一个天堂，但是如今很难找到修行的加尔文教徒。相比之下，如今称呼费城为贵格城市时不会唤起太多困惑的表情，尽管这个地区只有少数人真的在星期天参加宗教会面。

确实，贵格会为我们提供了另一种给这个地区划分边界的方式。"朋友中心"是费城宗教之友协会举行年度会议的地方，它就坐落在费城正中心的位置，离市政厅仅两个街区。该中心作为贵格会的会议网络和广泛分布的、学校网络的总部。一些会议是非常古老的，他们曾经在

17世纪和18世纪作为在荒野中很多贵格社区的中心。

贵格会教徒开办学校，这些学校成为许多地方最好的教育机构。19世纪，贵格会教徒为他们的孩子创建了两所顶级学院，分别在斯沃斯莫尔和哈佛。现在大部分进入这两所学校学习的学生不再是贵格会教徒。在20世纪70年代一个本地流传的笑话问道：现在怎样才能识别出一个犹太家庭？回答是：那些送孩子去贵格会学校的人们。通过这些学校，数以千计的学生获得了教育，贵格会仍然在这个地区发挥着文化影响。

然而当这座雕像被安放到市政厅塔顶部之时，贵格会教徒可能还不到这个地区人口的百分之一，并且他们具有平淡风格的特点，因此他们更加不再引人注目。然而正好就是这个时候，贵格会被一个从一个叫缅因的小镇来的贵格会教徒彻底改造了。

有意思的是，战争塑造了鲁夫斯·琼斯（Rufus Jones）的一生。他出生于内战时期（1863年），卒于1948年。1885年他从哈佛学院获得了艺术学士，并在纽约和罗德岛上几个不同的贵格学校教书。1901年他从哈佛获得了哲学专业的艺术硕士，并且在这一年他作为一个哲学教授回到哈佛教书。他和阿尔伯特·施维茨（Albert Schweitzer）在一起，与他相比，施维茨在那个年代是一位最有意思和最有影响力的天主教活动家，而他是继乔治·福克斯（George Fox）之后最重要的贵格神学家，乔治·福克斯是贵格会的创建者。

福克斯是那些不同寻常、富有魅力的福音教徒中的一员，17世纪造就了如此一大批的福音教徒。他记得整本圣经，能够在宗教辩论中打败任何对手。在他的写作中埋藏了一份训词："成为伙伴，成为所有国家、所有地方、所有岛屿、所有民族的榜样，不论你从何处来；你的举止和生活将向各种类型的人传道，并被他们接受。那时你将欢乐地行走在世界上，和每个人心中的上帝相呼应。"这个普世主义者所理解的内在之光，存在于我们每个人的身上并已经成为贵格会信念的一部分。早在1688年，这一信念就激发了德国镇的贵格会声明德国镇反抗奴隶制，德国镇现在是费城的一部分，但当时只是离费城几英里远的一个边区村落（费城的第一个黑人孩子的学校于19世纪晚期建立，名为教友的黑人学校）。这也是在19世纪中期驱动贵格的废奴主义者和女权主义者的原因。这还是使得内战后贵格会教徒比其他宗教团体的成员更积极地提倡美洲原住民权利的原因。然而鲁夫斯·琼斯在他的文章和其他作品中将引用的——每个人心中的上帝——定义为贵格会教义的真正核心。

琼斯当然对19世纪晚期贵格会内部的辩论和发展有所反应——其中包括贵格会教徒希克斯特和元典派分裂的结局。但是他观点的发展也受到一些外界因素的影响。作为一名哈佛的学生，琼斯跟随威廉·詹姆士学习，威廉·詹姆士（William James）是人们一提起实用主义就会想起的哲学家。在更广泛的意义上，琼斯成熟于渐进式改革时代以及社会福音运动时代。后者是许多新教牧师的一种尝试，这种尝试想要重振他们所谓停滞的基督教，并且重新维系由工业化和达尔文及其他科学发展所带来的信仰挑战和宗教之间消失的联系。社会福音运动者们试图建立一种新教教义，这种教义强调服务、就业和社会公平，引用教士沃特饶申布士（Rauschenbusch）的话，一个强健有活力的基督教应该重申"耶稣的社会目标"。在饶申布士的观点中，逐渐成熟的工业资本主义毕竟是"半基督教的"。

在这种社会环境下，琼斯通过正视贵格会愿望中的固有矛盾——在世界之中又超脱其外——的内在冲突来重振贵格会。琼斯以及其他贵格会思想家帮助将"内心之光"的概念转变为一种社会规范。根据琼斯对这一观念的看法，受个人内心之光以及去尊重和保护"每个人心中的上帝"的驱使，贵格会能够成为一个积极的宗教。

在某种意义上，贵格会被彻底改造为要强调上述信仰因素，那些大多数人们并不陌生的因素。并且确定的是，这也是如今大多数人怎样看待宗教的，而对于那些担心强调和平和社会公平的社会激进主义会使得贵格会本性其他方面受到威胁的贵格教徒来说，也会让人感受挫折。

由琼斯和他的同事们主导的这场改造随着美国公谊服务委员会（AFSC）于1917年创立而达到顶点。成立AFSC最初的推动力是为那些因为宗教原因而不能参加战争的人们提供另一种服务社会的方式，这些年轻人的宗教准则不允许他们参加第一次世界大战的战斗。1917年联邦政府将因出于良心的反对不能参加战争的宗教流派种类限定在一小部分宗教团体中——阿米什教、门诺教，当然也包括贵格会（因此，大费城是20世纪对抗战争的道德反对中心，也是第一个）。在20世纪的进程中，对出于良心的反对的定义扩展到包括其他信仰以及因为伦理或道德因素，甚至非纯宗教的因素。

在第一次世界大战后，AFSC变得更忙了。它的成员在欧洲和俄国提供所有重要的战后救济服务。在1930年，他们忙碌于帮助逃离纳粹德国和法西斯西班牙的人们。20世纪40年代，AFSC去往印度帮助处理由印度和巴基斯坦分裂造成的难民危机，并去往中东为以色列建国后加沙地带的巴勒斯坦人提供救济。在1966年，AFSC启动了一个帮助越南战争中平民受害者的项目。今天，AFSC仍然在世界各地解决妨碍发展和社会公平的事务。AFSC在世界上渴求和平的地方建立某种意义上和平王国的努力，使得AFSC成为费城贵格会最具国际性的可见形象。

1947年，AFSC成立30年恰好在琼斯逝世前，AFSC在世界范围内的工作为其获得了诺贝尔和平奖。这一赞赏是实至名归的，即使它的组织内部包括许多十分恭敬的贵格会教徒。在奖项表彰中，诺贝尔委员会很好地捕捉到AFSC将他们的公共活动和贵格会内在天性结合起来的方式："通过从无名到无名的无声帮助，他们实现了增进民族之间的兄弟情谊……"。无声和无名，就像是贵格会周日的会议。

20世纪还见证了一场相似的、贵格学校的彻底改造。正如前述的,贵格会教徒几乎一抵达特拉华河谷就建立了学校,但是他们最初的目的是为贵格会教徒的孩子提供贵格会的教育。这种"受监督的教育"正如有时所宣传的那样,将保护年轻的贵格会教徒免受"世俗的"的影响。到了20世纪,贵格会学校开始放弃部分保守,并接受了数量越来越多的非贵格会教徒(我在这里要提到的是,门诺派教徒也对20世纪带来的变革有所反应。1954年,费城地区的门诺教徒(Mennonite men)打开了克里斯托弗多克门诺高中的大门。建立这所学校的一个因素是,担心太多门诺教徒的男人被应召入伍,在战场上违背门诺教的和平主义教义。相比费城的任何一个贵格会学校,多克学校是一个更为明确的宗教和教派学校)。

于是,贵格学校进行的变革是在适应学生变化的同时,保持他们的使命感和目标感,如今这些学生中只有很少的人是真的贵格会教徒。所谓的贵格会教育方式有点难以说清楚。费城年度会议的前秘书长写道:"就像经验丰富的工匠,我们似乎刚刚明白怎样操作我们的工具,但是再也不用解释为什么做以及如何做。"汤姆胡普斯曾是一所贵格学校的学生,他贵格会家庭的根可以追溯到17世纪,现在为费城年度会议工作,并作为费城地区贵格学校的联系人。他对于这一问题具有更简洁的观点:"我们采摘贵格会的果实,并使它对高中生来说更为可口。"[10]

贵格学校提供什么呢?胡普斯的观点是"内在一致的

文化",这是一种与所谓"外来文化"对立的观点,但是也许这一观点最全面的同义词可能是"非暴力"。贵格会教徒视大部分社会问题为各种形式的暴力——施加于个人、社会、种族和环境等——对于这些问题唯一解决办法就是非暴力。一个悬挂在教友中心入口处的条幅引用了A·J·马斯特(A.J.Muste)的一句话:"没有通往和平的道路。和平就是道路。"从而,贵格学校提供场所对这种暴力文化进行分析、批判以及反省,更进一步地,他们还提供可选择的非暴力榜样。学校就如同是和平王国。

在这个意义上,贵格学校仍然在与自17世纪以来贵格会生活基本原则的冲突进行角力——如何生活在俗世中却又不静默于此。正如胡普斯解释的,他相信贵格学校的"广泛事务"是培养"俗世公民"。然而这些学校坚持它们非常反对的姿态,就像是站在敌意之水正中的孤岛上。贵格会学校试图去弥合这种分歧,凯西·帕尔米尔很好地将这种分歧总结为一种冲突,她是一个贵格会教徒并毕业于德国镇教友学校,在一个对作家纳撒尼尔·波普金的访问中有一句话:"当我早上起床时,我不知道是该享受世界还是该拯救世界。"[11]

每个贵格会学校都有自己的使命宣言,虽然在细节上有些不同,但他们都有重要的共同点。例如,在阿宾顿教友学校中教书"是扎根于贵格会信念,结合对行为的反思和对个人需求以及社区需求的平衡。"记录这种平衡也是教友精英学校一部分处事原则。德国镇教友学校的生活中,祈祷会"在安静的地方举行,在这里谁要想讲话就去别的地方讲话……保持中心的安静"。无论在哪里提供贵格教育,它都是学术严谨和灵性深入的体验。发展灵性不是明确的宗教意义,也确定不是具体教派的,然而对考德威尔(Caldwell)来说是一种区别贵格学校的方法。他借用鲁夫斯·琼斯的一句话并写道:贵格会学校将教出具有"洞察无形的眼睛"的人。根据乔治·福克斯的观点,每个贵格学校的校训都有一个共同点,即"每个人心中的上帝",以及培养学生能够看到这一点的保证。

要宣称受到贵格教育的人们能够使大费城地区比别的地方暴力少是很困难的。胡普斯关于我们的文化浸透了暴力的观点是对的,在我们国家枪支比医疗保险更容易获得,我的小孩经常让我解释为什么人们会在伊拉克被杀。然而在我的旅行中,却也经常发现且能够发现有很多人以或大或小的方式,投身于追寻作为贵格学校产物的社会公平。

理论上,贵格会教徒应当遵守五个核心价值:和平、朴素、团体观、品质和正直。在上述那一次访谈中,凯西·帕尔米尔记载道:"做一个贵格会教徒太难了!几乎是不可能。"她的丈夫响应这句话道:"要成为一个贵格会教徒几乎是不可能的。"[12] 但是却有一种特别的贵格行事方式,至少是会议这件事。避开作为基本原则的中央集权,贵格会教徒给予每个会议极大的权利去做各种决定。通过这样做,会议成员聚集达到一种"会议感"。这是一个过程,在过程中所有成员都能参与,并且成员们希望通过这个过程在会议事务的环境中搞清楚上帝的意愿。

离开了会议屋的长椅并世俗化后，这个过程成为所谓的共识决策。由于这种方式无处不在，大费城的政治事务也以此种方式运行——党派争斗、竞选、选民集会、金钱和支持交易以及胜者赢败者输。然而，如果选择参与到特拉华河谷极其庞大的草根公民生活中，你将发现自己置身于一场会议中——简化的、没有主持的，并且靠共识来运行。

在一个基于共识的会议中，决定并不是最终根据投票作出的。达成共识的过程允许组织中的每一个人都具有平等发表意见的机会。这避免了大多数人的专政，并且这也赋予个人阻碍达成共识、牵制组织事务的权力。在其基础上，只有当参与者都愿意诉说和倾听，并且对那些最重要的事情和次要的事情保持诚实时，共识才会起作用。这是以妥协、协商和参与者的个人正直为基础的。

这个过程可能令人疯狂，当某人数小时地诉说个人经历时。奥斯卡·威尔德（Oscar Wilde）曾经讽刺道，他永远也不会成为一个社会主义者，因为社会主义者要参加太多会议。他不知道社会主义者的会议只是贵格会成员会议的简化版。共识会议能够不断持续，通常看不到任何明显的进展。这些会议会因没有一个熟练的调解人而失败。这些会议很容易被那些不理解或者不尊重这一过程的人所劫持。

但是，当这一过程达到目的时，正如它通常被很好掌控时所表现的，他会在参与者中建立一种团结、力量以及热情，这不是以传统方式召开的会议所能相比的，传统的会议中人们回家是一方是获胜、另一方是失败的。这也是我从个人经验中学到的。

当然，共识驱动的组织也不再是大费城的独特事物了。这一过程被广泛采纳，尤其是被从事左派政治的组织所采纳。对于这些组织来说，共识是一种能够保证在手段和目的之间建立紧密联系的方式，也是一种保证在一个以民主和平等为核心的过程中民主和平等的目标能够实现的方式。例如，一个艾滋病宣传组织"纽约行动起来"，有一个关于共识如何在其网站上起作用的非常详尽的解释。我猜测它的大部分成员就像这个国家中其他类似组织里的大部分成员，可能不知道他们的过程是源自贵格会的。但是，今时今日贵格会教徒的影响已经变得寂静和微妙。

从语源学上来讲，贵格会教徒最为著名的信念——和平主义不是来自单词"被动（passive）"，尽管具有类似的发音，它们的含义截然不同。相反，和平主义来自拉丁词 pace，即和平。在 20 世纪，只有很少美国人能比拜亚特·路斯丁更多地思考和平与和平主义之间的关系。

路斯丁生于 1912 年，成长于宾夕法尼亚州西切斯特（West Chester）一个很小、紧凑的黑人社区，并且内战前一直住在那里。他不是一个天生的贵格会教徒，但是他成长于贵格会教徒之中，他那时进入附近的切尼州立师范学院，这是一所贵格会教徒为黑人学生创立的学校，他在听了鲁夫斯·琼斯的一场演讲后，成了一名贵格会教徒。

他的贵格主义运动伴随着一种更为普遍的激进，这种激进是路斯丁（Rustin）在20世纪30年代的熔炉中所经历的。在1941年，随着美国卷入日渐扩大的第二次世界大战，路斯丁加入了唯爱社成了一名青年部长。唯爱社是A·J·马斯特于1915年建立的，它的成立与许多美国公益服务委员会的建立原因相同。在20世纪20年代早期，马斯特对甘地在印度领导的运动产生了兴趣，尤其是甘地对英国所使用的非暴力合作运动。马斯特渴望将甘地的非暴力与基督教的和平主义结合起来，实现美国的社会改变。路斯丁成为马斯特最有影响力的学生。

这个国家将会在民权运动期间最强烈地感受到这一影响。路斯丁首先于1955年在亚拉巴马州蒙哥马利划时代的公共汽车抵制运动期间和马丁·路德·金会面了。在接下来的13年中，直到金在孟菲斯遇刺，路斯丁是金的首席顾问，是非暴力运动策略的哲学家。

如今我们将金作为非暴力的使徒。事实上，金在1955年对甘地或和平主义几乎一无所知。正如路斯丁所回忆的："事实是，当我来到蒙哥马利时，金博士对如何进行非暴力抗议只有非常有限的概念。"确实，当路斯丁来到金在蒙哥马利的屋子和地下室时，里面放满了枪支。金后来成为美国历史上最重要，也是最成功的非暴力运动的实践者，他的成功是得益于路斯丁——一个西切斯特黑人贵格会教徒在他耳边轻语。[13]

在德国镇贵格会教徒谴责奴隶制近300年后，贵格教义塑造了民权运动的核心。无法想象20世纪五六十年代的自由斗争中如果没有这一核心将会怎样。

在世界之中却又超脱其外。

另一个或许让人受挫的贵格教义的故事,主要是由社会理论家以及费城的子孙 E·迪格比·巴茨尔挖掘的。1979 年,巴茨尔(Baltzell)——他最为人知的是创造了缩略词 WASP——写了一篇比较费城和波士顿的文章,这篇文章非常具有可读性和洞察力。巴茨尔在 20 世纪 60 年代末和 70 年代初撰写了他的研究成果。意料之中,考虑到这篇文章出自那个年代,他主要对权力和领导感兴趣,并且关注两个城市的上层阶级如何行使权力。作为自我描述的、费城正派阶级的一员——他从出生到死亡都居住在费城 WASP 的栗子山社区——巴茨尔惊讶于为什么波士顿的精英产生了如此长久的当领导人的传统,而费城却没有。他的书试图回答这一问题。

巴茨尔以这样的方式定义并衡量领导,即以一种老派方式打动我们以及无耻的精英——政治领导人、商业领导人和知识分子。尽管如此,他的比较结果——至少对于费城人来说——是惩罚性的。他的书以凝视鲍登学院图书馆中的纳撒尼尔·霍桑(Nathaniel Hawthorne)、亨利·沃兹沃思·朗费罗(Henry Wadsworth Longfellow)和小说家、诗人以及总统富兰克林·皮尔斯(Franklin Pierce)的肖像画为开头。这三位是缅因大学的同学,并且如巴茨尔所写的:"没有其他的三个人具有类似的地位……曾经毕业于……我的大学(宾夕法尼亚大学)或者宾夕法尼亚州的其他学院。"[14] 波士顿和新英格兰产生了政治领域的亚当和肯尼迪家族，然而大费城没能产生相似的政治领导人。确实，宾夕法尼亚州曾在1856年将一个人送入白宫，并且詹姆斯·布坎南成名的原因只是他在1860年被亚伯拉罕·林肯所驱逐。巴茨尔从地理学上整理了《美国传记辞典》，发现其中来自新英格兰的人比来自中部大西洋的人多得多。类似情况还有不少。

对于巴茨尔来说，理解两个城市不同点的关键在于它们不同的新教"伦理"，并且他以书的名字总结这种不同：清教徒的波士顿和贵格会教徒的费城。清教徒留给波士顿两样东西让巴茨尔感兴趣。第一，波士顿是一个知识分子密集的地区。这就要求对圣经的仔细阅读以及对圣经长篇大论的注释。因此，新英格兰很早地就发展了一种理智主义——高识字率和建设学院——的文化，这成为领导阶层成长的土壤。第二，清教徒的信仰活动以牧师为中心。当新英格兰人在星期天来到教堂时，他们要听那些牧师的布道，有时是数小时。清教的牧师构成了新世界智力活动的主要源泉，尤其是在17世纪和18世纪。在新英格兰早期，牧师确实作为社区领袖也是宗教领袖，这些牧师——接下来就是领导者——通常是教育机构的产物，这强化了智力生活和社区领袖之间的联系。

相比之下，贵格教有着一种完全不同形式的宗教活动。贵格教徒最激进的姿态是不采用专业神职人员。贵格教徒相信这样一种可能性，即会议的所有成员都可能感受到对神职人员的召唤而进行神职活动。但是由于每个成员都会获得神职角色，从而就不需要一个专业的神职人员。贵格教徒在会议中静默地坐着——并且保持静默——除非圣灵驱使任何一个会议成员发表讲话（贵格教徒中一度有"传教士"，但是他们没有其他教派所具有的、实际的牧师权力）。更进一步地，由于贵格会的内在目标，贵格教义着重情绪和内在而不是理智和智力。除了贵格会的创建者以外，贵格教徒没有产生能够媲美新英格兰的马瑟斯·爱德华兹和乔纳森·爱德华兹的伟大神学家。贵格学校提供了一种基础的指导，但是大多数贵格教徒似乎怀疑高等教育，并且19世纪贵格会由于明显的反智表现而被控告。

由于设计了一种故意不创立自己领导的宗教活动，贵格教徒具有一种对领导的深深的模糊感，在会议屋边界之外的地方也是如此。18世纪，费城成了美国启蒙运动领导人的家，但是他们中几乎没有人是贵格教徒，也没有贵格教徒在围绕独立和建立新国家的事务中扮演特别重要的角色（虽然没有人是来自大费城地区，但是也有两位贵格教徒总统，哈波特·胡佛（Herbert Hoover）和理查德·尼克松，从这里我们能得到结论：贵格教徒普遍具有拒绝政治领导的传统）。

正如巴茨尔所看见的，这两种传统创造了两种不同的伦理，他通过这样的方式进行比较：清教徒的波士顿是一个具有低水平社会容忍、并且社会精英具有相应高度发展的公民责任感的地方；相对比，根据巴茨尔的观点，贵格教徒的费城是一个具有高度社会容忍和本应成为领导者的人具有非常低的公民责任感的地方。

在某种程度上，巴茨尔简单地阐述和理论化了揭露丑闻的记者林肯·斯蒂芬斯（Lincoln Steffens）所观察到的现象，1903年斯蒂芬斯描述费城为"腐败和自得"。[15]虽然这句话在这个地区仍然被经常引用，但是我怀疑许多人已经忘了斯蒂芬斯说这句话的含义。斯蒂芬斯认为费城和其他美国大城市一样在进入20世纪时堕落了。使这个城市分裂的是没人在意的猖獗腐败。当别的城市的改革者们为清除他们的市政混乱而斗争时，没有一个重要人物站出来领导一场改革。费城人就这样保持着自满。

亨利·詹姆斯（Henry James）几乎是同时但稍有不同地分析这个问题。詹姆斯从1883年就自己离开了美国。20年后他回来游历这个国家，发现这个他所知的国家已经剧烈地改变了，并且认为这种改变几乎完全是错的。他在费城发现的情况是一个所谓"社会"和"城市"之间的完全分歧。前者是"一个人能够最愉悦和快乐地想到的"；后者存在"与之平行，不在其中，也不在其上，但是在其旁和在其下，在其后和在其前"，并且它的存在"全是为了战利品和掠夺，政府所有胃口的满足，为永远的不公正和免受惩罚而组织"。[16]

很容易辩论几乎无改变。在斯蒂芬斯的文章发表了近100年后，费城市长约翰·斯特里特为压倒性的选举而奔忙，因为许多观察家觉察到将对他的执政进行全面的联邦调查。控告于 2004 年夏天降临市政厅。由于调查带来的窘迫，市议会勉强开始对所欠下的道德债进行辩论，但纯粹是让市议会中有影响力的成员为广泛存在的裙带关系辩护。

巴茨尔的分析中有许多可以商榷的地方，包括他在社会理论总结方面巨大的尝试，比如从他那著名的领导力概念开始。但他的二分法仍然会震撼我，它让我捕捉到了一些很重要的事情。不能简单地说费城大都市曾经并仍然受困于平庸、令人失望的政治领导。这确实是，但是美国大多数地方也是这样。有甚于此的是，费城的公共部门和私人部门领导人不像其他领域的公民领导那样努力。在纽约、芝加哥甚至是明尼纳波勒斯／圣保罗，公民责任感都高度发展了。多年以来，费城的 CEO、高薪律师、机构主席之中没有人是贵格会教徒，但是他们吸收了贵格会个人主义的精神（这一现象的结果也能够在该地区一些文化机构中找到。他们是这个国家的同类中最好的，但也经常被联系紧密且吝啬的董事会所操纵）。[17]

更进一步地，那些浮现出来的作为这样或那样领导的费城人经常发现他们的努力被轻视、忽视或者嘲笑。大费城因它对职业运动的热情而出名，但是那些球迷们制造了一种常见的习惯，就是嘲笑这个城市的明星运动员。麦克·施密特是费城人队名人堂三垒球员，他曾开玩笑道，费城是唯一一个能体验到胜利的恐怖和读到第二天报纸时苦恼的地方。在最近 100 年中，费城产生了世界上最具创新性、独立性和影响力的三位建筑师——弗兰克·弗内斯、路易斯·康和罗伯特·文丘里。路易斯·康仅收到了这座城市的一份委托,而且还是在职业生涯的早期,罗伯特·文丘里则直到职业生涯的最后也没有收到一份委托。大费城曾经点缀着野性的、美好的费内斯式建筑,但是大部分都在他死后被系统地拆除了,只留下少数提醒我们曾经有过这么一位天才。费城人似乎不仅不愿意承担领导,而且还憎恨他们同胞中的领导。

在选举政府的层面上,同样也存在着狭隘和怀疑的历史,以及无能的沟通,这些都阻止合作越过政治边界以防发生意外。在一个基本的层面,城市的政治家们拒绝看到他们自己的低效、不称职和彻底的腐败以及州立法者们不情愿为城市健康付出努力之间的联系。同时,郊区居民拒绝承认——更不愿付出——在各种方式上他们的生活依赖于一个健康的市区。他们也不在意费城必须最终独自承受地区贫穷的高昂代价。许多人简单地要求城市为他们提供娱乐和文化的机会,然而对于任何共担责任或共同命运的道理则坚决地闭上他们的眼睛。有着远大抱负的、以樱桃山为基地的商业银行可能会很好地理解地区的命运与城市的健康相关联。商业银行是美国增长最快的零售银行,如今正处在联邦以权谋私调查的中心。[18]

这些是美国的城市和郊区之间最普遍的分歧,也是富人和穷人之间最普遍的分歧,也是黑人和白人之间最普遍的分歧。这些矛盾在大费城相比在纽约或者在芝加哥没有什么不同,也不会更差。这就是紧随战后郊区扩张而来的、定义了大都市地区的各种矛盾。

然而，这些矛盾的后果和代价更为尖锐，不仅针对费城城市，更是针对整个地区。考虑一下与芝加哥的对比，在芝加哥商业领导人——大多数是郊区居民和共和党人——逐渐与城市的政治家保持高效的工作关系，虽然这些政治家大部分都是民主党人。这种著名"结合"的结果就是商业获得了一个在城市中运行的友好环境，并且将那些商业收益作为郊区立法者的交换，从而为城市获得州政府给予之外的更多利益。从而，芝加哥从国家税款再分配中获得16%的年收益，而费城仅获得10%。[19] 这一地区的许多人都知道这些，但是人们还在观望是否有一些在特拉华河谷中起关键作用的领导人出来为它做些什么。

意料之中的是，地区领导人聚集起来的无能为力给费城造成了不好的影响，领导人群体规模较小也在政治上削弱了城市。近年来，宾夕法尼亚州拿走了费城对停车管理局和会议中心的控制权，还有其他一些权力。同样与芝加哥的对比具有指导意义：当州立法者们在斯普林菲尔德决定，芝加哥逐渐衰落的教育系统需要彻底改造时，他们将控制权几乎全部交给芝加哥市市长。费城的学校不比芝加哥的学校差，但是州介入后从费城领导者那里拿走了相当大的控制权。

20世纪60年代时的记忆还很新鲜，巴茨尔将贵格会的理念称为"左派"和"反独裁"，并且担心其后果。但是在相同的时代，费城在社区和邻里层面上充满了领导。

感谢这种领导，经常动员反对精英运动，虽然巴茨尔似乎渴望这种精英运动，在20世纪五六十年代费城逃过了城市"复兴"的过分扩张。毕竟，芝加哥那种"结合"驱使芝加哥如此高效，但是也创造了罗伯特·泰勒·霍姆斯（Robert Taylor Homes）和加布里尼-格林（Cabrini-Green），以及也许在全美国最声名狼藉的住房工程，并且推倒了城区环线的很大一部分，以获得建造合作办公楼的空间。

美国城市中精英领导的过往记录，尤其是战后的记录，是好坏参半的，充满了现在仍震惊我们的大工程，回顾这些工程，它们就像是些大错误。也许我们应该感谢费城的理念，这座城市逃过了"城市复兴"中的许多弊端。事实上费城城区没有为商业利益让路，并且成为城市案例，就像洛杉矶、哥伦布和休斯敦，所有有着这种精英领导的城市都会是巴茨尔欣赏的对象。正如城市历史学家和费城的儿子温德尔·普利切特（Wendell Pritchett）写给我的这段话："我同意我们具有更少的精英领导，但是我也认为我们具有更多的民主。民主不是一个完美的系统，但是我宁愿选择我们的政治比芝加哥的好。"[20]

这里也许还有一个贵格教徒的遗产。贵格教义表达了一种深深的平等主义冲动。这也许是自17世纪涌现的信仰实验中最民主的一面，这些信仰实验中的某些方面作为基本的美国特色如今仍然震撼着我们。在100多年的批评声中，尤其来自欧洲的批评，一直指责美国生活在清教阴郁的阴影下。根据我们的社会风俗和较为严谨的行为，这个说法可能是对的也可能是错的。但是，更准确的说法应该是根据我们的平等主义、我们对自我意识的怀疑以及自我定义的精英权威和领导，美国更像是贵格教徒而不是清教徒。

乌托邦的冲动在18世纪和19世纪塑造了如此之多的美国生活成分，并在很大程度上延伸至20世纪的第一个50年。由于青年人——以及一些不是那么年轻的人——厌倦了那个时代的骚动，在觉醒之时思考应该如何重构生活，这种冲动在20世纪60年代和70年代早期再次涌现。

由于作为之前几个世纪的例子，这次新的乌托邦大体上是一个农村现象。小的群体在新英格兰的老农庄上建立了可选择的社区，尤其是在马萨诸塞州和佛蒙特州、加利福尼亚州以及在其中的一大片地方。在这些公社中，他们实验了回到土地的社群主义、自给和有机农业，他们还以一些方式探索了自然和精神之间的关系，这些方式至少可以追溯到亨利·戴维·梭罗（Henry David Thoreall）时代。

除了称自己为新社会运动（MNS）的实验。

始于1970年的一个拥有大约25～30名贵格会教徒的团体，这些成员是和平主义积极分子、民权运动的老兵，包括理查德·K·泰勒（Richard K.Taylor）和比尔·迈尔（Bill Moyer），他们都和马丁·路德·金共事过，他们在费城举行会议并讨论对于运动和他们自身而言将会发生些什么。新社会运动就是这些会议的结果并在1971年发起。

正如MNS的创立者之一乔治·莱基（George Lakey）所解释的，该运动发源于这样一种意识，即不管修辞定义的社会改变，20世纪60年代的大部分活动以仍然沉浸在"旧式思维"中，尤其是当提到性别、阶级和种族的发展动态时。相似的，60年代消耗了人们相当多的能量，并经常在过程中使他们受伤害。于是，MNS的一个主要目标就是鼓励社区，这个社区能够自组织、集体性的生活，并且能够提供一个参与者能够维持和丰富他们政治工作的环境。正如乔治既骄傲又恼怒地给我写道的："史蒂文，这很难，这很难。"

并且那些聚集起来创造MNS的人们做出了一个具有自我意识并有意的选择，即他们的实验对象将是城市。正如乔治所知晓的，那些在20世纪60年代和70年代早期"回到土地"的人们在某种意义上是撤离。对于国家来说大部分的确很困难的社会话题，从种族关系到经济不平等到公共教育衰退，都是城市问题。然而，许多新左派乌托邦主义者视城市为他们的敌人，相同的还有权势集团以及社会既成秩序。在这一点上，他们和这个国家中几十万白人居民没有什么差别，这些人为了他们田园式天堂般的郊区生活而舍弃城市，除了他们为了细微区别的原因而这样做以及他们走得更远。确实，20世纪60年代结束的钟声即将敲响时，将近20万费城白人离开城市来到郊区躲避犯罪和暴力、逐渐贬值的房地产以及他们无法忍受的黑人新邻居。几乎在威廉·佩恩开始他革命性的城市乌托邦后300年，那些对MNS效力的人们坚持留在城市。

到20世纪70年代，费城那些选择扎根城市的社区出人意料地变成和平王国。坐落于宾夕法尼亚大学校园西部、沿着巴尔的摩大街——就是老的殖民路——它成长于19世纪晚期作为一个"有轨电车郊区"的典型案例。它的宽敞、优雅和晚期维多利亚风格的房子是兴旺的盎格鲁-新教徒和爱尔兰天主教徒家园。天主教徒为了表达他们自己的宗教信仰骄傲,建造了圣芳济撒肋爵教堂(Church of St. Francisde Sales),这是一座引人注目的、风格不明晰的类拜占庭式建筑,它的钟至今仍响彻社区,并且它穹顶的顶部能被全城看见。卫理公会派教徒不甘示弱地在48街和巴尔的摩街建起了壮丽的卡瓦利教堂,并给他们的殿堂装饰了令人屏息的蒂凡尼玻璃穹顶。社区居民在克拉克公园获得休闲,内战期间这块地曾经是一所联合医院,而如今是枝叶繁茂休闲散步的地方。为了突出他们的资产阶级生活,社区居民们还在公园的一角树立了一座查尔斯·狄更斯的雕塑——这是美国唯一一座查尔斯·狄更斯的雕塑——它的脚边还有一座小妮尔的雕像。

战后的岁月中,社区成功催生了很多东西。许多房子被分隔成出租单元,人口也变为更明确的中产阶级和工人阶级。在60年代末,黑人居民逐渐从周围的社区搬入进来。1971年这个社区似乎泰然面对发生在这个国家的各个城市中所发生的崩溃。犯罪变成了如此的灾难,以至于很少有人敢在天黑后外出,并且许多人在窗户上钉上木条。房地产经纪挨家挨户地刺激白人居民尽快卖掉房子,毕竟黑人搬进这个社区后房子的价值就一直在下降。

虽然加入 MNS 的人们怀着对这个大命题的关心而来，但是社区自身成了他们理念的第一个测试案例。他们首先解决安全问题——组织了一个包括街区监督员、社区巡逻和邻里守望的系统。他们帮助老年居民平静下来（这些居民倾向于逃离社区），并且说服他们留下来。他们保证通过努力让白人和黑人和平共处。于是社区稳定了下来。有段时间由于种族矛盾，从布朗克斯南部到洛杉矶中南部都陷入了混乱，MNS 建立了一种防止社区内部分裂的模式。

MNS 还为别的许多事情忙碌，说的上来的就有反对 B-1 轰炸机与核能源的运动。但正如乔治所解释的，不管这些议题是什么，一起组成 MNS 生活中心的 18 栋房子作为研究室，用来找出关于策略、组织和决策等的新观点。"我们是自己的实验对象"，乔治回忆道，并且这些实验被大多数人所驱动："大部分需要学习并高效实施的事情，我们还都不了解。"其结果充满了创新的观念，有些让人拍案叫绝，有些则取得了巨大的成功。正如乔治所指出的，20 世纪七八十年代对左派美国人来说是令人失望的。20 世纪 60 年代的承诺证明了如果不是幻觉的话，那还需要走很长一段路。为了维持自身，MNS 的成员们"为我们自己设定最接近的目标"，乔治解释道："于是一直有许多胜利来庆祝。"

MNS 在 20 世纪 70 年代晚期达到了影响力的顶峰，当时约有 300 人认同他们，这些人来自城市，诸如亚特兰大、巴尔的摩、西雅图、多伦多，甚至来自小乡村，诸如俄亥俄州黄泉村。回到费城西部，MNS 建立了新社会出版社和一个食品互助社，这个食品互助社现在还在巴尔的摩大街上售卖。

MNS 于 1989 年正式解散，他残存的会员认为这项特殊的实验已经跑完它的赛程。[21] 仍然有一些住宅组群为生活中心所拥有，并且他们仍然为与社区和政治活动相关的年轻人提供一个家、一个天堂。乔治·莱基仍然住在这个社区，并且从 1992 年起他运营一个名为变革培训的项目。他环游世界致力于帮助民主变革的活动团体，提高他们的能力。在苏联解体后的混乱时期，他帮助建立了一个积极活动分子网络，并且曾偷渡到缅甸训练支持民主的学生团体。我们最后一次交谈时，他刚刚从津巴布韦回来。当我指出他将他在费城西部社区的乌托邦理念出口给世界各地时，他笑了并且同意我的观点。

1982 年，德国的一个电视节目组来到费城，纪念费城成立 300 周年。当然，德语居民曾经是佩恩城市的主流移民；他们来寻求信仰自由，此外节目组想要了解"神圣的实验"最后变成了什么样。在教友中心与人们交谈后，他们来到费城西部。在那里他们被告知，佩恩的梦想被最最大程度地保持着生机。

我应该承认：这也曾是我的社区，断断续续地持续了最近的 15 年。这是一个具有令人瞩目的多样性、令人瞩目的和谐的地方。它仍然还存在活力四射的市民生活，甚至有时候令人筋疲力尽，克拉克公园中充满了社区活动、政治参与和各种节日。在这个地方我学到了如此之多，什么叫社区和共存，城市生活的困难和令人愉悦的多种可能性。我的一个邻居（偶尔也是我的电工）有一个保险杠贴纸，上面写着："天堂就是一个混合的社区"。它也许不是天堂，并且它肯定不能对一些折磨人的城市问题免疫，但它是我所了解的、最接近和平王国的地方。

宗教多样性源于费城，并且自这个国家成立以来就成为这个国家的重要部分。即使如此，在费城大都市中仍然存在着被18世纪佩恩神圣实验所吸引的提示物。当然，阿米什人仍然在我们周围，并且费城地区的许多人从阿米什人那里购买食物。但德国浸礼会教徒和史文克斐派教徒也是如此。事实上，史文克斐派图书馆和传统中心坐落于宾夕法尼亚州的彭斯伯瑞（Pennsbury），并且它最近收到一批德文活字的保存标本，这是泥金写本的美丽传统，是史文克斐派和德国新教徒一起在18世纪制造的。更令人瞩目的是，一个现存的史文克斐派集会坐落于费城北部一个艰苦的社区里。门诺教徒也还在这里，并且还包括一些刚来到这个城市的人们。如今佩恩的城市可以因为它的华人门诺教团体和越南人门诺教堂而自豪。门诺教徒拥有并经营一家我最喜欢的咖啡店，它就离我写这些东西的地方几个街区远，而且今天下午我在那特立独行的社区农夫市场中从一个阿米什人家庭那里买了些鸡蛋，这个阿米什人家庭住在贵格镇，要不然他们还能住在哪儿？

最近一次参观费城动物园时，我看见紧挨着坐的两个野餐人群，一个人群是穆斯林，妇女们完全被面纱遮住，另一个人群是阿米什人。这个景象肯定有点不协调，但是坦白地说，它不再像从前那样重要了。这使我想到了，当约翰·赛奇维克（John Sedgwick）决定写一本书记录费城动物园一年的生活时——顺便说一声，这是一部很棒且极具吸引力的书——书的标题肯定使他无法抗拒：和平王国。22

兄弟之爱的城市。这些日子，这座城市的名字经常以愤世嫉俗的方式被想起。比赛的实况转播员经常在费城粉丝的粗野表现后，抛出这句话来取笑一番。传奇足球教练比尔·帕斯尔（Bill Parcells）曾经在访问费城时警告他的队员："他们称这座城市为兄弟之爱的城市，但实际上它就是个香蕉共和国。"或者在发生悲惨暴力行为后，这句话被用来表达绝望和厌恶。当然，这不是一座兄弟之爱的城市，没有任何一个地方是。当托马斯·摩尔（Thomas More）在1516年造出"乌托邦"这个词时，他用这个词描绘一幅想象的国度，在那里存在着一种完美的社会、政治和法律系统。但是我认为相比其他地区的人们，费城人更加指向性地提醒着人们现实和想象国度之间的距离。那些给予佩恩远见以荣誉的人们，也是那些努力践行这一远见的人们。

第 2 章

萦绕之魂

电影制作人 M·奈特·沙马兰（M. Night Shyamalan）为大费城地区赋予了另一种富于想象力，但多少有些怪诞的地域特质。沙马兰本人就长居于费城西郊梅莱地区（Main Line），而他所有的电影也都是在大费城区域拍摄和制作的。在沙马兰的镜头下，巴克斯县（Bucks County）成为麦田怪圈的代名词，而 19 世纪的切斯特县（Chester County）则成了满是凄凉村庄之地。

1999 年，沙马兰的电影《第六感》（The Sixth Sense）大放异彩，成功跻身全国大片之列。影片的故事围绕一个被鬼魂缠绕的八岁男童柯尔·席尔（Cole Sear）[哈利·乔·奥斯蒙（Haley Joel Osment）饰]，和试图帮助他的儿童医生麦尔康·克罗（Malcolm Crow）[布鲁斯·威利斯（Bruce Willis）饰] 展开。如果你是那些少数没看过这部电影的人的话，我不会在这里剧透，告诉你这个故事是怎样发展的，但我确实可以保证它会带给你出乎意料的感觉。

《第六感》的电影场景设置在费城，并极好地利用这座城市营造出了阴森、恐怖的基调。无论镜头带我们到哪儿，看起来都像会有鬼魂冒出来吓唬可怜的柯尔。在一幕格外紧张的画面中，柯尔告诉克罗医生他可怕的秘密："我看到了死人。"

关于《第六感》，我有一个观点：对于其他地方的观众来说，它不过是一部制作精美、略微恐怖的心理惊悚片；然而对于在特拉华河谷的人们来说，这部电影巧妙地揭示了这个地方真实而重要的特性——它正被自己的历史亡魂所萦绕着。

所有现实中的城市都是内容丰富的历史教科书。的确，我认为对于一座城市而言，一种最好的定义就是把它视为人类各时期历史的空间沉淀与呈现。就此而言，也许除了多一些历史的积淀，费城与芝加哥或者西雅图并无本质差异。在培养所谓的历史感方面，费城人也并不比其他城市更快。19 世纪时第一部关于费城的历史书才出现，这时距离费城建城已经过去了大约一个半世纪。当然也是到这个时期，美国才开始对自己国家的历史形成现代意义上的认识[1]。

尽管如此，在一些方面费城地区仍然会比美国其他地方受到自身历史更加深刻的影响。当亨利·詹姆斯（Henry James）重返美国时，他对所看到的绝大部分事物感到非常陌生，但在费城他却觉得像是回到了老家。其中重要的原因就是这座城市依旧承载着它自身的历史而存在着。"这个地方在'回退'"，他在《美国游记》（The American Scene）中写道，"或者换一种说法，社会的均衡稳态……

在很早以前就已形成，经过了长时间的演化，背后也因此形成了潜在稳定的动力机制——历史通过它得到彰显，不张扬，但清楚而明显……这种反向的延伸，简而言之，就是费城的精华……走在她的街道上，你就一定会注意到威廉·佩恩（William Penn）当年规划所留下的各种印记。"[2] 为我房屋承保的公司创建于1752年，它所有的文件上仍然印着那有250年历史的公司标志。历史，其实一直都在，生生不息。

为强化对于自身历史的认知，费城建立了各种各样的相关组织，多到没有其他地方可以与之相比。这些组织完全或至少部分地将保存这座城市的历史感视为使命，包括18世纪即创办的图书馆公司（The Library Company）和美国哲学协会（American Philosophical Society）; 19世纪初成立的雅典娜协会（The Athenaeum）和宾夕法尼亚州历史协会（Historical Society of Pennsylvania）。直到今天，它们仍然是富有活力的研究中心。[3] 20世纪初，还有一些拥有很多资源和能力的县级历史协会甚至与宾夕法尼亚州历史协会不相上下。尤其是坐落于多伊尔斯镇（Doylestown）的巴克斯县历史协会（Bucks County Historical Society）和西切斯特的切斯特县历史协会（Chester County Historical Society）。1897年，费城黑人知识分子圈的会员共同创立了费城非裔美国人历史协会（Afro-American Historical Society of Philadelphia），它应该是全国第一个黑人美国历史组织。[4]

其实，这些组织并不是费城地区沉甸甸历史感背后的唯一原因。更可能的是，这座城市和地区在建国历程中所扮演的角色创造了本地与全国性历史之间、过去与现在之间独一无二的关联，包括华盛顿将军跨越特拉华河、进驻福吉谷（Valley Forge）的萧瑟寒冬，到独立宫中的政治性辩论与签署的文件等。这种地方性与全国性的联系是著名历史学家加里·纳什（Gary Nash）将他研究费城人民保存和保护历史的方式的著作命名为《第一城》（First City）的重要原因之一。

大费城地区是国家集体记忆非同寻常的宝库——这些集体记忆，正如其中一部分所反映的那样，是相互竞争和相互矛盾的。19世纪末，W·E·B·杜·波依斯选择在费城开展针对美国黑人城市居民困境的研究。[5]仅仅是几年之后，林肯·斯蒂芬斯（Lincoln Steffens）则认为费城随处可见的腐败也反映了国家层面的问题："但我如果说费城是一个污点，那么它不仅是它本身的，也不只是宾夕法尼亚州的，而是整个美国国家性格的污点。"关于这点，亨利·詹姆斯这位不屑于文字游戏的贵族，可能与道听途书的记者有着相同的判断。费城"是美国的一个例子，甚至大概算得上是最好的之一……对于研究这个奇妙的问题而言……模范的社会和丑恶的城市在美国竟能和谐共存，相互之间甚少干扰或威胁。"[6]在这一章里，我想要回顾大费城地区对历史的认知及其历史持续的影响是怎样造就了这个地区或好或坏的特性。

以前，费城都市区的孩子们在学校里要上"费城第一（Philadelphia Firsts）"这样一门课（我不知道它现在是否仍是当地课表的一部分——也许我自己太老了）。"费城第一"的清单感觉很熟悉，但也需要仔细想想以从我的记忆中找出来，以下并无先后排序：

——第一座可以借书的图书馆；
——第一个志愿消防队；
——新大陆的第一所医院；
——第一家保险公司；
——第一幢国际化现代风格的摩天大楼；
——第一套市政供水系统；
——第一座监狱；
——西半球第一所医学院。

这个清单很长很长。

此外，众所周知费城是美国第一人——本杰明·富兰克林（Benjamin Franklin）的故乡。也许威廉·佩恩可以在市政厅的塔楼上居高临下地俯视着整座城市，但富兰克林却是这座城市无处不在的人物。瞧，穿着大袍的他在第五大街美国哲学协会的大门上；看，宾夕法尼亚大学的校园里他至少出现在三个不同的地方；他的头像被刻在市政厅大门拱券的基石上；艺人扮演着他，走在栗树街或者第三大街上。当法国雕塑家让-安东尼·乌敦（Jean-Antoine

Houdon）1779年创作的富兰克林半身像于1996年公开出售时，尽管并无足够的资金或意愿去影响这个艺术品市场，费城艺术博物馆（Philadelphia Museum of Art）仍然感到一种要买下它的冲动，而且是以高价。

其实或多或少我们都知道富兰克林的故事，但重新梳理一遍仍然是值得的。1723年，还是青少年的他离开了老家波士顿来到费城。18世纪早期的波士顿正处在发展停滞期，富兰克林经过深思熟虑后认为，一个怀抱远大志向和才能的年轻人可以在费城创造更大的成功。事实也确实如他所料。富兰克林进入了印刷行业，干得相当不错，40岁时便退休去过起了绅士的生活。作为一名绅士的富兰克林当过外交官、科学家、政治哲学家和作家。他成为18世纪最著名的美国人，也是美国对启蒙运动的卓越贡献者。[7]

我们之所以了解富兰克林的故事，是因为他在其最著名的书《富兰克林自传》（Autobiography）中告诉了我们。尽管在公众面前一贯谦逊的他没有明说，但却在书中讲述了努力工作、沉着习性、温和谦逊和目标明确的品格是如何让他走向成功的，而且这些品格也可以帮助每个人成功。这是一个白手起家的故事，一个贫穷的男孩变得富有的故事，也是一则关于美国梦的寓言。在这里，成功不由出身决定而是由后天的努力和品德所造就。我们之所以知道这个故事也因为它是典型的美国式传奇，之后从弗雷德里克·道格拉斯（Frederick Douglass）和布克·华盛顿（Booker T. Washington）到山姆·沃尔顿（Sam

Walton)的自传都呼应了富兰克林的传奇。

可是,如果将富兰克林的一生仅仅看作通过自力更生而出人头地的故事,则忽略了这个传奇另一个重要的意义。富兰克林也是一位伟大的组织创始人,前面提到的图书馆公司和美国哲学协会只是其中两个。通过这些组织的创立,富兰克林回答了关于新大陆生活的一个基本问题:当我们既缺乏宗教的领导,又距离国王3000英里之外时,我们为了解决自身问题和维护集体利益所需要的权威来自何方?富兰克林一遍又一遍地给出"志愿团体"这个答案。他认为,一个团体比任何单个的个体都能更好地为公共利益不偏不倚地展开行动。在这座多个宗教各自发展却没有主导性宗教的城市里,富兰克林所成立和帮助过的志愿组织深刻影响了费城世俗和公共领域的生活(富兰克林散漫的宗教信仰名声在外,他对于有组织的宗教持轻蔑的态度。《富兰克林自传》中隐约提到了他自创了一门宗教派别,却承认他从未上过心)。富兰克林对公共领域的构成有着如此广泛的影响,以至于几乎所有那些宣称要继承他衣钵的保守主义者们若了解了这一点,都会感到羞愧而自觉不配。在富兰克林看来,所有超出基本需求的财产都"属于大众,他们才是合法创造了财产的人。"因此,富兰克林是当时第一位尽其所能平衡个人成功与公民责任的美国人。而他的故事也只在18世纪的费城,这座在威廉·佩恩宗教乌托邦式构想中建立的市民城市才可能发生。

有多项第一记录的城市,美国的第一座城市以及美国第一人的故乡——所有这些无疑都是费城市民的骄傲。然而如果不能维系最初的创新力，那么这些所谓的第一就变得不那么重要。不妨举费城动物园为例。这个仍旧标榜自己为美国"首座动物园"的地方，在1876年建国100周年的庆典前向公众开放。当年那些漫步于这美国首座动物园的人们觉得极为新奇，不同寻常。现在仍然可以想象得出它原来的样子——因为它的边界没有变过，你还和那些1876年的参观者从同样的大门进去。

但现在，占地仅40多英亩的费城动物园，是美国最小的大型动物园之一，而且我们不清楚它还能往哪里以及怎样扩张。这个半月形的动物园，弯曲的一边被繁忙的铁轨夹住，直线的一边则被同样繁忙的四车道高速路所局限。在高速公路大建设时期，短视的设计方案进一步用更多的高速公路切断了动物园与斯库尔基尔河（Schuylkill River）的联系。就这样，费城的"诺亚方舟"被一片嘈杂的汽车与火车所包围。

因此，费城动物园想要跟上不断变化的动物展出标准就变得非常困难，尤其是需要更大展出空间的时候。这确实很讽刺，因为费城动物园曾经是饲养与管理动物科学标准的制定者。尽管它可能是最受本地游客欢迎的旅游目的地，但它不像布朗克斯（Bronx）、圣地亚哥或国家动物园那样从全国各地吸引游客。

同样的，费城第一的清单上也许是最后，或者说最近的一项，是电子数字积分计算机（Electronic Numerical

Integrator and Computer），也就是埃尼阿克（ENIAC）。埃尼阿克，这部世界上第一台电子计算机在第二次世界大战即将结束时开始运转。1946 年 2 月 15 日，它正式开始工作。埃尼阿克是应战争需要而研发的，当时的美国军队需要更快的方法以计算出武器发射与投弹的坐标。军方将研发这一机器的项目委托给宾夕法尼亚大学摩尔工程学院（Moore School of Engineering）。埃尼阿克组装完成时非常巨大：30 个独立的单元，19000 支真空电子管，1500 个中继器。这个重达 30 吨的机器需要 200 千瓦时的电力才能运行。

埃尼阿克的建造者在 1947 年申请了专利。在申请中他们叙述了现代科学研究对更快计算速度的需求，并承诺"这个发明能让繁杂的计算在数秒内完成。"确实如此，尽管体量巨大，但较之其他机械化的计算机器，埃尼阿克代表了巨大的进步。当时，一个操作熟练的人用计算器要花费大约 20 个小时来计算一条 60 秒的弹道轨迹，一个模拟微分分析器可以在 15 分钟内完成这项运算，而埃尼阿克只需要 30 秒。[8]

数字化时代诞生于宾夕法尼亚大学校园三十三街和核桃街（Walnut Street）的交角，但却移到别处发展壮大。也是在 1947 年，埃尼阿克共 30 吨重的设备全部被打包并搬到军方的武器测试场地，也就是马里兰州的阿伯丁试验场。虽然研发了第一台电子计算机，但费城和大费城地区基本上只是数字化革命的旁观者。特拉华河谷也没能成为硅谷。

让人深深感到历史巧合性和象征意义的是，仅仅在埃尼阿克搬到马里兰州的一年之后，哈里·杜鲁门（Harry Truman）总统签署了授权在费城建立国家独立历史公园（Independence National Historical Park）的法案。1949年在费城中心城区的独立宫公园基础上，国家独立历史公园的建设工作正式开始了。在许多人看来，国家独立历史公园的建立使费城重新变回了一座18世纪的城市，这个地区的发展前景从此与它的过去愈发紧密相连。

国家独立历史公园是大部分外地人对费城的第一印象。更具体一点，他们想到的是公园的两个标志物：独立宫（Independence Hall）和自由钟（Liberty Bell）。对于本地人而言，这座公园是外地亲戚来拜访时想要参观的地方。市政府每年都对参观自由钟的游客人数进行统计。

更正式地来说，国家独立历史公园保护着一些重要建筑，它们与费城在美国独立运动中的贡献相关，再穿插以美丽的花园和绿地。总体而言，公园有着精致的建筑、博物馆和开放空间。以我支付门票的性价比来说，这是美国城市中最赏心悦目的公园之一。这个公园是美国自由的圣坛，也是对它独立建国最为有趣和生动的纪念。

同时它也是一种想象，公园的规划者幻想的费城18世纪的样子。在这个意义上来说，国家独立历史公园也反映20世纪年代的历史，就如同它保护了18世纪70年代的历史。

当时国会相信有必要建设这个公园的决定，反映了不断紧绷的冷战压力。当铁幕在欧洲落下，美国发起大规模的动员以对抗苏联，国家独立历史公园开始服务于象征性的目的，不断提醒着美国民众和全世界这个国家的核心价值，那些与国家社会主义无法共存的价值。因为公园位于一个高密度且正在衰败的内城区，所以它的建设也受到了20世纪50年代城市更新主流理论的影响。虽然公园的规划蓝图在那十年里经历了多次反复修改，但是大家一开始就很清楚，要想恢复费城18世纪的模样，意味着要拆除富兰克林逝世后此地逐渐开发新建的大部分建筑，其中包括一幢宏伟的由弗兰克·弗内斯（Frank Furness）设计的银行大楼。[9]

不论景致有多美，最后的结果是彻底清除了当地18世纪工人阶层和穷人所留下的遗迹，就像把革命的费城变成了一座几乎被富裕的爱国者所占据的城市。它不是威廉斯堡（Williamsburg）的迪士尼乐园，而是围绕着20世纪五六十年代一系列考古学意义上的重建建筑，而建设的一座殖民地历史主题公园。这里听不到任何关于奴隶制和社会不公平的负面议论。[10] 它就是我们脑海中期望的十八世纪——只有优雅和高贵。[11]

我们可以把国家独立历史公园视作20世纪初风靡全美"殖民主义复兴"风潮的最后顶峰。它在费城的印记包括大部分建于20世纪20年代、散布于郊区若干"殖民"风格的房屋，以及"殖民地夫人"（Colonial Dames），一个专为那些祖辈可以追溯到十八世纪的女性设立的俱乐部。建立于1890年的"殖民地夫人"俱乐部其实早于更为知名的"美国革命之女"(Daughters of American Revolution),而且至今仍然保留着一处还在运行的会所,就在里滕豪斯广场(Rittenhouse Square)旁一幢20世纪20年代殖民风格的建筑里。

1926年,这一殖民主义复兴风潮,以及它给18世纪美国所留下的影响,都以一种华丽时尚的形式在美国建国150周年博览会上展现给了公众。当然为了庆祝建国一百周年,费城早在1876年就已举办了第一场大型世界博览会。五十年后,这座城市试图重现当年的魔力与激情。

但这并没有奏效。所有100周年博览会做到的,150周年博览会都没有做到。博览会推迟了开幕,而且即便推迟也没能完工。项目施工因为政府空前的贪污而陷于停顿。[12] 预计来的人群没有到,甚至天公也不作美:在博览会对公众开放的184天里,107天是雨天。

博览会位于宽街(Broad Street)的最末端,当时还是一片没有开发的沼泽和荒地。现在,博览会已经从公众的记忆中消失了(个人觉得它可能为W·C·菲尔兹(W. C. Fields)[①],一个费城人,提供了拿这座城市开玩笑的大量素材)。这个场地的一半现在坐落着运动场馆综合体和附属的停车位。在宽街西侧,150周年博览会留下了富兰克林·德兰诺·罗斯福公园(Franklin Delano Roosevelt Park),还有为了宣示瑞典裔美国人与这座美

---

① 美国笑星。——译者注

国第一城之间联系而建的美国瑞典历史博物馆（American Swedish Historical Museum）。可以想象，这两者如今都略显凄凉。

当然博览会也创造了一个成功案例。在穿过会场的曲线小径之间，"高街"（High Street）沿着笔直的轴线延伸，成了当时博览会上最受欢迎的展品。"高街"包括大约20幢房屋，试图复现1776年左右费城高街（现为市场街（Market Street））的景象。

"高街"是博览会妇女委员会的作品，街边每一幢房屋都由一个明确的妇女爱国团体建造并维护：美国革命之女（DAR）主管"华盛顿的房子"，战争母亲（War Mothers）维护着"小木屋"，来自宾夕法尼亚州园艺协会（Pennsylvania Horticultural Society）的妇女则负责种植和照料街边的花园。"高街"是如此的成功，以至于事后许多市民强烈地要求在费城艺术博物馆里将它重建。

"高街"所展示的是18世纪费城的居家生活。尽管博览会本身是在为美国独立做政治性的庆祝，但"高街"向参观者展示了建国者们当年舒适而规整的室内生活——至少如20世纪20年代的妇女协会们所设想的那样。重建史蒂芬·吉拉德（Stephen Girard）故居的女主人这样解释"高街"的教育意义："必须要有这样一条真实的街道，来展示祖辈传承给我们日常生活中美与尊严的珍贵遗产。它证明我们的开始不是混乱不堪、无法无天、低廉或者俗气的，而是本质上高贵和庄严的。"[13] 这条完全是复制品的街道似乎"证明"了这位女主人没有展开解释的这段话。

18世纪美国所谓上流、类贵族式的文化情怀在温特梭尔（Winterthur）达到了巅峰。坐落于特拉华州威尔明顿（Wilmington）镇外，温特梭尔拥有广阔的休闲花园、一批装饰艺术品和美国材料文化研究中心，由亨利·弗兰西斯·杜邦（Henry Francis DuPont）(1880～1969年)历经数年建成。花园覆盖了将近1000英亩的土地。在杜邦专门建设的一座住宅-博物馆中陈列着数目超过85000件的作品，目前没有其他收藏可以在规模或质量上与这批藏品相提并论。它涵盖了1640～1860年间各个门类的美国装饰艺术品，当然它的关注点主要是保存得最好的和品质最优的藏品。该博物馆与特拉华大学联合开办了一项艺术史的研究生学位课程。利用这一强大的研究资源，温特梭尔培养了许多在全国各地苏富比和佳士得工作的鉴赏家以及博物馆馆长。

温特梭尔自建立起就带着无可非议的贵族气质，连广告里地名的后面都跟着一个副标题"美式田间庄园"。宣传手册中透露出殖民主义复兴背后的亲英情怀，甚至影响了杜邦这位法国移民后裔："（杜邦）创造了一处别致的田间庄园，就像经过数个世纪演化而来的英国范例。"

借此种方式，温特梭尔赋予了博物馆和学术机构一种美国18世纪精致的风雅情怀，这种风雅在本质上与同时代的欧洲贵族一样。即便是今天去游览温特梭尔，我们依然很容易产生一种印象，即18世纪美国家居生活中充满了奇彭代尔（Chippendale）和海柏尔怀特（Hepplewhite）风格的家具，高度打磨和精心制作的银器流露出风雅与品质。在不带任何赞同或讽刺的语气下，温特梭尔将它的博物馆描述为"重新发现美国遗产最好的地方"，当然也回避了遗产到底怎么被重新发现的问题。[14] 对于那些想把这种遗产带回家的人，温特梭尔以超高的价格提供手工制作、"博物馆品质"的家具复制品。

假如本杰明·富兰克林来到了温特梭尔，或者他降落在150周年博览会的现场，他估计认不出那展示的是18世纪：18世纪费城任何夸张描述的或真实存在的脏乱差都不见了。到1926年，美国革命之女（DAR）和它的姊妹们所想象的"高街"，在现实城市生活的累积下早已不复存在。"高街"本身以及展品，在展会结束后也消失了。但当国家独立历史公园的建设者们清除本杰明·富兰克林的老邻居时，殖民主义复兴风潮的影响在时隔一代人之后被重新认识。

在决定了第二大街和第六大街之间哪些建筑需要被保存和修复，并清除了这些建筑周围的房子之后，拆迁队伍转向了独立宫的北面。注意这是在20世纪50年代，他们大刀阔斧地铲平了整整三个街区来建造独立广场（Independence Mall）。

不论国家独立历史公园的其他部分展现了什么版本的18世纪，这座广场是纯正的20世纪中期现代主义建筑。正如我在第一章中提到的，佩恩的规划里并没有一条宏大的轴线。这是一种平等主义在空间上的体现。广场的存在

图9a

图9a和图9b 在国家独立历史公园建立之前（图9a，约1936年）与之后（图9b，约1962年）的独立宫。在这个情况下，保护18世纪建筑意味着清除大部分后来开发的建筑。图片由国家独立历史公园提供

与这种平等主义的思想却恰好相反，浑然不觉其中的反讽意味。在我的理解中，广场的作用就是在独立宫前形成一处宏大的开放空间，从而创造出一个绝佳的视角来瞻仰这座建筑以及前往它的路径——就像国会山前的广场道理一样。

自它开放之日起，独立广场就是一项令人失望的规划。依照20世纪50年代主流思想规划出来的广场空间毫无生机，乏善可陈。它不能说是弃而不用，因为根本就没有被使用过（即便后来联邦政府用一系列同样无趣和呆板的建筑将广场的中心围了起来，包括联邦法院、联邦储备银行，以及窗户稀少层层紧包的美国铸币局，也没有起

到任何作用）。因此尽管缺少人气，广场的使用还是逐渐分裂、失控。当然作为独立宫的前庭，独立广场也很难做得更好了。这幢建筑对于它要控制的广阔空间来说实在太小。独立广场不但没有帮助我们欣赏这座十八世纪中期的建筑杰作，反而使得独立宫显得过小，且是不恰当的小。如宾大教授托尼·加尔文（Tony Garvan）所讽刺的那样，这个广场是一张巨大的没有任何特色的桌子，而独立宫就像是它南端一个压桌子的小摆设。[15]

图 9b

萦绕之魂

20世纪90年代独立广场经历了一次大规模的改造，当然也有许多人可能认为规模还不够大。"桌子"被缩短了，北端的大部分被国家宪法中心占用；西侧的边界与新建的独立宫游客中心相邻，在另一边则与安置自由钟的新增建筑接壤。国家宪法中心由现代主义建筑师亨利·柯布设计，是一座真正的建筑佳作。它对玻璃和浅色石材的使用与周围主导性的深色调红砖建筑形成了一种绝妙的搭配。室内的展品和布局非常有趣且重要。总体而言，这三处新增建筑给国家独立历史公园加入了比之前多得多的活力。

这些新建筑需要好的景观设计与之匹配。总体景观设计的项目由美国一流的景观设计公司欧林合伙人事务所担纲，公司恰好坐落于广场一个街区之外。他们的设计扭转了独立广场的缺陷，将广场与原来的街道格网更有效地连接起来。建筑凸显了出来，但景观设计却未完全成功。因为"9·11"恐怖袭击带来的影响，独立宫的开放性和可达性被安全隔离栏和金属探测器严重破坏。

围绕这些安保措施，美国国家公园管理局与各种各样的团体发生过争执。其中包括独立历史公园周围的居民、商业团体、设计师、规划师、建筑师，以及全国各地认为安检设施是过度、欠妥当甚至有点偏执的人们。公园管理局的管理者们决定，既然公园无法阻止汽车炸弹、火箭筒或狂热分子的手榴弹袭击，那么防范的就是用背包携带炸弹的个人。由于这种愚蠢的逻辑，现在的公园成了游客们的烦恼。在"9·11"袭击之后的一段时间里，参观者们甚至要忍受两道安全检查，一道是在参观自由钟前，一道则设在独立宫。最让人困扰的是，如果你在参观独立宫中途想去趟洗手间，就不得不离开安全区域，然后再重新通过一次安检回来。

2004年的夏天，国家独立历史公园开始发展一套全新也更长久的安保系统，包括围绕独立宫南侧树立一道6英尺高的金属栅栏，在独立宫旁建造一栋永久性的安保建筑。这是一项糟糕的计划。费城历史保护联盟的主席约翰·盖勒里（John Gallery）指出："对我而言，这里的开放空间和它的建筑同样重要。这是独立宣言第一次被宣读的地方，这是……杰弗逊边走边构思如何起草宣言的地方。"在附近维拉诺瓦大学（Villanova University）教授历史的查林·米尔斯（Charlene Mires）认为，这项计划势必阻碍参观者们去思考关于美国式自由的历史性问题。取而代之的是参观这里带来的一种截然不同的体验："当你站在一个叫作独立广场的地方，却发现这里最重要的活动是安全检查，这意味着什么？"[16] 在我写本书时，这项计划仍在进行中。当下，美国用以纪念自由的圣坛却像极了一处廉价、最低安全标准的监狱。[17] 它也因此成了一个常被人讽刺的地方。

如果说当年冷战的大背景帮助创建了国家独立历史公园，那么对游客的争夺战则推动了新的发展。目睹了太多的游客往来于纽约和华盛顿之间，却只是行色匆匆地经过费城，地区领导者们决定大刀阔斧地行动，将费城打造成为一处旅游目的地。针对独立广场的改造即是这些行动的一个主要部分。当城市进入主要依赖旅游和会议等产业的后工业化时代，领导者们认定费城最具潜力的旅游资源就是它的历史。就像那句老话，"回到过去"。

围绕费城的历史资源发展旅游产业面临着几个难题。首先，正如凯尔·法利（Kyle Farley）所指出，"绝大部分美国人都有历史健忘症。"这位法利是宾夕法尼亚大学历史系的研究生，也是穷理查德徒步观光游（Poor Richard's Walking Tours）[①]的共同发起人。他和其他宾夕法尼亚大学研究生们一起为公众提供精心调研过的历史导览。从历史学的视角来看，这称得上是这座城市里最棒的旅行项目了。"人们来到这里，"他接着说，"他们知道自己应该去看一看自由钟和独立宫，但有时却忘了为什么要这样做。"除此之外，游客们的确想要了解一些历史，但也"不要太多"。[18]

其实，几乎可以用费城来讲述美国历史的任何一个重要阶段，但是被重点营销的仅仅是特殊的 30 年：1770 ~ 1800 年。考虑到在那段时间里这座城市所发生的一切，这 30 年也并不是不对，但是这样的营销忽略了费城辉煌的工业化时期和多元种族的过去，甚至也在一定程度上弱化了它当代丰富的文化生活。另外，如法利所提到的，城市营销者们想要渲染一个辉格式、圣徒传版本的过去。"讨论革命时代费城存在的矛盾令营销者们感到不安，"他说

[①] 本杰明·富兰克林曾撰写过《穷查理年鉴》（Poor Richard's Almanack）。——译者注

道,并马上补充说,讨论这些矛盾很容易将过去的愤懑与当下的问题联系起来,但这也恰恰是参与他项目的人们最为感兴趣的地方。

除了旅游开发支持者们所面临的营销问题,要在特拉华河谷地区18世纪历史的基础上建立起旅游产业体系也存在许多挑战。将费城的历史仅仅强调为国家的诞生之地,可能会导致游客们并不是因为对这座城市感兴趣而来,而只是为了参观若干零散的历史遗迹。按照法利的说法,许多人并不把费城视为一座充满活力的城市,而是一处保存着属于国家、而不是这座城市的历史遗产的博物馆。前往纽约或者芝加哥的游客是为了体验那些他们心目中与这些城市相关联的地方。当他们来到费城时,他们只是来看看碰巧位于这个城市的国家发源地罢了。对于独立公园和18世纪古迹之外的事物,他们未必有兴趣。至少法利的经验是,不少游客在参观完自由钟和独立宫之后,并不知道还能干些什么。

而法利所说的好消息是,当他带着一队队参观者逛了费城一圈后,游客常常感叹:"我之前根本就不知道这里竟然有这么多的好东西!"坏消息是,"它只能赚到人们的午饭钱。"法利的意思是费城作为一个旅游目的地,吸引的首要人群仍然是来看自由钟的一日游游客。他们基本上不会在这停留太久、消费太多。

虽然法利的经历并不让人乐观,但情况确实在发生变化。最近几年,费城旅游的市场开发更为积极进取,旅游产品也变得更加精细。整个区域也作为一个整体在推销之列，而不再只是自由钟周围那几个小小的街区。对于想要了解历史的游客，故事可以从特拉华河谷的这头延伸到那头；对于喜欢艺术的，这里有着丰富的收藏；对于钟情花草和树木的，这里有一批最好的花园和植物园，其中当然包括建于18世纪中期新大陆首座花园——巴特拉姆花园（Bartram's Gardens）。这样的营销似乎的确奏效——酒店入住率稳步上升，即便是"9·11"事件之后其他地方游客几乎都在下降的时候也是这样。最近几年，外国游客的数量也急剧上升。旅游业现已成为世界上最大的"产业"，而费城地区正在获取越来越大的份额。

依据一项近期的调查，费城在"历史遗产旅游"人数上排名全国第二，超过了波士顿而仅次于华盛顿特区。在威廉·佩恩雕像的50英里范围内，分布着多达450处历史古迹——博物馆、协会、战场等。它们中超过100处与18世纪相关，可以说这片区域布满了历史的幽魂。[19]

当然，通常你不会在任何地方感觉到它们在你耳边窃窃私语，除了在东州教养所（Eastern State Penitentiary）。东州教养所是费城的又一项"第一"。它是第一个以改造而非惩戒为目的的劳教机构。在这个意义上，我们今天的刑事系统直接源自东州教养所。它同样也是贵格教派人道主义的又一处纪念碑。创建教养所的贵格教派成员相信只要达到足够的忏悔——因此叫作"教养所"——任何犯人都可以重归高墙外的生活，并成为一个有作为的公民。这里改造的方式是孤独而沉静的禁闭加上辛苦劳作。

这在当时是一项著名而激进的试验,吸引了世界各地的人前来参观。1831 年,阿历克西·德·托克维尔（Alexis de Tocqueville）在游历美国期间到了这儿,东州教养所的思想体系和制度设计因他的著作而产生了广泛的影响。澳大利亚悉尼流放殖民地的首座监狱效仿的就是东州教养所。1829 年东州教养所刚开始运行时,所关押的大部分是短期劳改犯。毕竟这次伟大试验的目标是让罪犯洗心革面,重返普通生活,而不是将他们一直关下去。但是,的确许多劳改犯也是重操旧业。另一位著名的来访者是查尔斯·狄更斯（Charles Dickens）,他注意到这一点并在其 1842 年出版的《美国纪行》中谴责了东州教养所。

1829 年年初修建时东州教养所还在农村,但随着费城在 19 世纪后期的扩张,东州教养所逐渐被市区所包围。这座庞大、巍然而令人生畏的哥特式城堡现在与 3 层楼高的连排住宅不协调地并列在一起。

拥挤而破败的东州教养所终于在 1971 年关闭。之后它一直空置着,难以接近,并逐渐荒芜。直到 1988 年,市政府将它移交给宾夕法尼亚州监狱协会。这个协会通过多项努力将它改造成了博物馆,并于 1994 年开始对外接待游客。

自此以后,东州教养所就由一群工程师、富于创造力的工作人员和志愿者运营。除了在监狱里提供令人惶恐不安、印象深刻和非比寻常的导游服务以外,他们也举办艺

图10 历史旅游资源的地理分布。最近，营销人员在协力将整个地区的历史打造为旅游资源。数据来自地图《巴克斯县及其周边地区、切斯特县与布兰迪-怀恩峡谷、蒙哥马利县和周边地区》©2002 PCVB+ 和 C.C.Salvatico，rev. 9/02，以及《费城及其郊区》©2001-2 PCVB 和 C.C.Salvatico，rev. 9/02

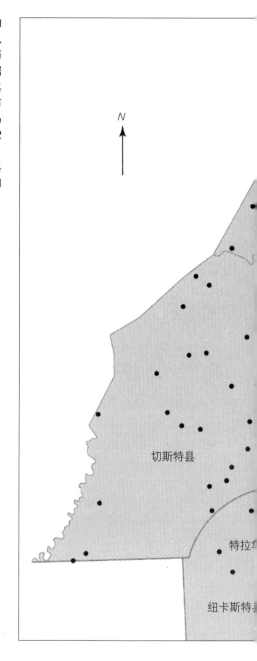

术展览、戏剧表演以及诸如年度万圣节游览与7月14日巴士底狱风暴这样的定期活动。以上这些和更多的其他活动，使得这处历史古迹转变为本地区最具活力的文化机构之一。

无论如何，国家独立历史公园仍是费城旅游产业体系的中心。国家公园管理局（National Park Service）运营和解读国家独立历史公园的方式，应该与费城本地旅游业的发展更好地协调起来。事实上这些年来，国家公园管理局对费城的经济发展要么持消极态度，要么不闻不问。有时候可以感觉到，公园管理局将国家独立历史公园看成是游离于费城之外的一座岛屿。这种矛盾在独立广场新建的游客中心旅客信息柜台上就得到体现。这个柜台的一半是由国家公园管理局负责，他们会回答关于公园管理局所管辖之处的任何问题。但若你想要了解费城其他的信息，他们会让你去柜台的另一半，找那些提供本地旅游信息的志愿者们。

总而言之，我觉得从一开始费城人在是否要让他们的城市成为旅游景点这个问题上就有很深的分歧。大部分费城人认为他们的城市是一座"真实的"城市，不管这个"真实"到底是什么意思，但它一定不是主题公园。2000年夏天，当费城"欢迎"数以千计的共和党人前来参加共和党全国会议时，我强烈地体会到这一点。当时在市场街上我路遇一名妇女，她身上的T恤上写着："欢迎来到费城！现在回家吧。"这些都是这个地区在发展新的、后工业时代旅游产业的过程中所逐渐凸显的问题。

国家独立历史公园坐落在混杂了独立战争以及整个殖民地时期一系列历史事件的区域中心。沿特拉华河北岸是华盛顿渡河村（Washington's Crossing），也就是当年那个漆黑的夜晚华盛顿将军横渡特拉华河的地方。这一历史事件如今会定期表演，尽管演出常常是在白天，而且由于气候变暖，演员们几乎从未需要克服冰冻的阻碍。

华盛顿渡河村同时也是大卫美国革命图书馆（David Library of the American Revolution）所在地。这是一家专门研究美国独立战争时期历史的小型研究机构。图书馆由一位1902年移民美国的立陶宛人索尔·费瑞斯特（Sol Feinstone）于1959年创立。当它在1974年面向公众开放时，图书馆成了他送给新家乡的礼物，并与其他区域性机构共同致力于保护与传播美国历史。

往南面，几乎到了特拉华州的边界上，有一处布兰迪怀恩战场遗址（Brandywine Battlefield Site）。它很小，几乎都快被遗弃了。遗址在一号路（Route 1）旁边，被不断增多的交通用地以及郊区与远郊的房产开发所包围。那场战斗中美国革命军没有获胜，这对于提高布兰迪怀恩的知名度没什么帮助。1777年的秋天，他们彻底输掉了这场战斗，而英国人则继续向北进军并占领了费城。但是，布兰迪怀恩战役还是不断被重演。此地本身也是一处有趣而宁静的地方，有18世纪切斯特县景观风貌的遗迹。

英军继续追击华盛顿将军，并在日耳曼城战役（Battle of Germantown）中再次与他的部队交战。虽然美国人还是输了，但这次比之前的情况要好一些。日耳曼城保留着一部分旧城中心，尚存几处别致的18世纪建筑。这次战役也有重演，尽管美军和英军扮演者只能在一片忙乱而喧嚣的旧街区里演戏。

日耳曼城战役的失利迫使华盛顿向西北撤退，并在福吉谷（Valley Forge）安营扎寨。从1777年12月到次年春天，在福吉谷度过了那个著名的冬天。这一系列失败以及福吉谷的露营，为托马斯·潘恩（Thomas Paine）写下"这是磨砺人类灵魂的时刻"提供了灵感。简而言之，特拉华河谷是美国独立战争的中心。与那段岁月相关的遗迹仍然遍布这个区域，四处飘荡着18世纪美军、英军和其他历史人物的亡魂。

然而，将历史当作旅游商品出售会带来很多挑战。在凯尔·法利的经验里，很少有游客知道他们为什么要去参观自由钟。"那只是他们清单上亟须划掉的一项罢了，"他有些沮丧地说，"但他们不了解它的意义在哪里。我曾经听过公园管理局的讲解，讲些这口钟是怎么铸造的，用了什么金属，但却不解释它代表着什么。"

所以让我们来快速地回顾一下：

首先，自由钟和1776年或者独立战争并没有多少关系。因为英军占领费城时，它和城里其他的钟都被搬离到阿伦敦（Allentown）。关于它在1776年7月4日响起的故事只是19世纪时作家乔治·利帕德（George Lippard）笔下的想象。自由钟是为了纪念威廉·佩恩时代《1701年权利法案》颁布 50 周年而铸造的。这口钟在一年之后的 1752 年抵达费城,并且在第一次被敲响时就出现了裂缝。1753 年它被重铸,之后便被悬挂在了州议会(State House)中。

自由钟的确在 18 世纪和 19 世纪早期的某些重要场合上敲响过,包括庆祝 1761 年乔治三世(George III)登基,以及 1764 年和 1765 年号召人们前来讨论《糖蜜法案(Sugar Acts)》与《印花税法案(Stamp Acts)》。1846 年,当自由钟为纪念乔治·华盛顿的生日而最后一次敲响时,它的裂缝已经宽到无法再发出声音。

但其实在这之前,自由钟已开始了从功能性向符号化的转变。当受到"由宾夕法尼亚州大会授权的费城州议会"委托时,钟上刻下来自《圣经》利未记,25:10 的引言:"宣告自由,遍及全国,家喻户晓"。抓住这条引言,再加上位于费城,废奴主义者将这口破裂的钟变成了自由的象征。这口钟以插画的形式出现在 1837 年版的《自由》一书中,一本在纽约反对奴隶制度协会的出版物。1839 年,在波士顿当地报纸《解放者》上,威廉·劳埃德·加里森印发了一首关于这口钟的诗,标题即"自由之钟"。通过这首诗,议会大楼钟开始逐渐演变为自由钟,这个过程在 1893 年哥伦比亚世界博览会上基本完成。在博览会上,参观者们可以看到一口名为哥伦比亚自由钟的复制品,重达 13000 磅,完全在加利福尼亚州制造完成。自由钟在 19 世纪和 20 世纪之交时已到过很多地方,访问过亚特兰大、新奥尔良和圣路易斯的世界博览会，经常被当作圣物而受到朝圣者们的崇拜。

加里森是最为知名的白人废奴主义者。1829年，他在波士顿的公园街教堂（Park Street Church）做了著名的演讲，谴责奴隶制和宪法的不公。一年之后他创办了《解放者》报纸。但1833年当他和同伴们尝试建立一个全国性的废奴联盟时，他们选择了费城作为代表们集会的地点。63位与会者来自许多不同的教派。会议由贝里亚·格林（Beriah Green）主持，他按照贵格派的模式以一段默思作为会议的开端。[20]

在这次会议上，加里森在反对奴隶运动起草的一份"宣言"中宣称："我们在神的启示录和《独立宣言》的至真之上放置我们自己，正如在"永久的磐石"（the EVERLASTING ROCK）上放置一样……来将我们的土地从它最致命的诅咒中解救出来。"[21] 63位代表签署了这份宣言，加里森开玩笑称它比独立宣言还要多7个签名。

废奴主义与自由钟之间的联系或许是各种团体利用费城的历史，将他们最关注的事业与国家的创建联系起来的首个重要案例。这是绝大多数美国群体运动的一个特点，即它们努力寻求与国家历史的联系而不是与之分离。废奴运动、女权运动、民权运动——它们都不约而同地呼吁国家落实当年在费城许下的生命权、自主权与自由权的承诺。因此自19世纪30年代起，费城的历史及其标志物成为不同社会团体通过强调与建国理念之间的联系，进而构建其自身诉求合法性的平台。

当然，费城并不是 18 世纪抗议集中的唯一地点。各种各样大城市和小镇的人们走上街头示威、抗议，并围绕各种诉求组织起来。但不论在别处的群众运动有着怎样的诉求和人员构成，在费城他们总是下意识地从这座城市与 1776 年的历史联系中挖掘可资利用的素材。

所以，当 1835 年工人们参加美国第一次大规模罢工运动时，他们游行的终点是独立宫。美国内战以前独立广场上规模最大的示威活动可能要数 1848 年多民族移民发起的支持欧洲大革命的集会。这之后的 1912 年，女权主义者们在这里宣读了苏珊·安东尼（Susan B. Anthony）的《女权宣言》。她曾经在 1876 年建国 100 周年庆典上将这篇宣言递送给副总统。在华盛顿特区尚未成为持各种意见的公民陈情之地前，独立宫就是他们的目的地。[22]

甚至在华盛顿特区继承了这一角色之后，费城的象征性意义仍然非常重要。在林肯纪念堂，马丁·路德·金敦促国家尽快实现所有人生而平等的信念，并质疑自由是否终将实现。尽管他是在华盛顿特区做的演讲，但他所试图唤起的记忆属于独立宫签署的文件和成为自由代名词的那口钟。

作为冷战的创造物，独立广场和国家独立历史公园也成为类似对外战争老兵（Veterans of Foreign Wars）和自由美国青年人（Young Americans for Freedom）这样的组织用以反对共产主义、宣传爱国主义的阵地。独立广场的这一用途在 1962 年约翰·肯尼迪总统向群众做国庆日演讲时达到了顶峰。肯尼迪不断讲到他身后的这栋建筑，并要求人们抵制共产主义的侵略。

直到20世纪60年代，关心民权与反对越战的新一代活动家们重新占领了独立宫和自由钟，他们相信占领这些地点能够更好地纪念开国元勋们。到1968年，关于费城的大学指南上可能写着："在过去几年中，纠察队员和抗议者们复兴了1776年供奉于此的政治争论精神。警察抱怨，游客惊讶，但是没有什么比这个国父们宣告独立的地方更为合适了。"[23]

在马丁·路德·金那脍炙人口的演讲之后，不到两年这里的情形又发生了变化。1965年的参观者们发现他们置身于一片沉默的抗议中。这次示威是由ECHO（东海岸同性恋）组织发起的。

作为一个男女同性恋的小团体，ECHO来到独立宫主张他们被美国社会接纳的权利。它的成员全都是非常值得尊重的人。男人们西装革履，女人们穿着裙子和高跟鞋。他们举着"所有人生而平等。同性恋者主张他们的平等权利。"早于纽约石墙暴乱（Stonewall riots）四年，这次游行是美国同性恋维权者最早的公开示威之一。

1960年，将近100人聚集在宾州主干道的沿线小镇拉德诺，商议组建一个"同性恋者"政治团体。这是特拉华河谷地区同性恋政治组织迈出重要的第一步（这场会议遭到当地警方的冲击，他们以模糊的猥亵罪为名逮捕了84名与会者）。

图11 同性恋权利的诞生地。在石墙暴动以前,费城的同性恋者将独立宫作为他们的前沿阵地。感谢天普大学、帕雷图书馆、城市档案馆,感谢马克·施泰因(Marc Stein)

ECHO 的成员来自纽约、华盛顿和费城。1965 年 7 月 4 日,他们在独立宫前的游行标志着一次重要的公开出柜——请注意——这是对于同性恋维权运动而言。这之后他们每年进行一次提醒式的游行。直到 1969 年,石墙暴乱中诞生了更加激进的同性恋解放运动,他们在费城国家地标前君子般的抗议才逐渐淡出公众视野。[24]

这些对独立宫象征意义的利用并不一定是规模最大

萦绕之魂　　　　　　　　　　　　　　　　　{ 107 }

的，也不一定是最引人注目的，但大多是被边缘化的美国人将自身困境联系上美国建国理念的最早尝试。

美国的独立要归功于独立战争和杰弗逊、潘恩等人撰写的宣言，但大部分美国人对那段历史仅有很模糊的了解。随着时光流逝，这场战争受大众关注的程度被排在了美国内战和第二次世界大战之后的第三位。我们每年都庆祝7月4日的国庆节，但是我怀疑不到两成的美国人知道那天到底发生了什么（尽管独立宣言在那天被签署，但直到7月8日它才被公开宣读）。鉴于很少有美国人对我们自己的历史有所了解或感兴趣，这不特别令人惊讶。然而这种对独立战争历史的无知已经让很多人感到失望，他们计划在福吉谷改变这种情况。

福吉谷历史保护公园占地3500英亩，是费城地区除国家独立历史公园外唯一一处被设置为国家级公园的革命遗迹。作为建国两百年庆典的一部分，公园在1976年7月4日正式建立。在此之前，它仅作为州立公园存在，也是宾夕法尼亚州的首座州立公园，于1876年建国100周年时创立于一片爱国热潮之中。1878~1893年间，一个私人团体募集资金并游说政客保护福吉谷，使之免遭工业化的威胁。他们的努力在19世纪末有了些成效。

20世纪末，私立的非营利组织"国家美国革命中心"联合国家公园管理局与宾夕法尼亚州，在福吉谷以合伙形式共同建立了一座大型独立战争博物馆。整个项目的预算目前达到了1亿美元，在它的正中心有一座由知名建筑师罗伯特·斯坦恩（Robert Stern）设计的、面积达10万平方英尺的3层楼博物馆。

这个项目形成了一个有趣的联盟。展出的学术性内容将由一个备受尊重的学者团体负责。根据一份经济发展报告，这座新博物馆每年能吸引70万名游客前来，并创造每年4800万美元的消费。受到报告所揭示前景的鼓舞，宾夕法尼亚州在这个项目上已经投入了2000万美元。奥奈达印第安民族（The Oneida Indian Nation）表示随时愿意向该项目捐赠资金，有人认为这是确保北美土著人在博物馆中得到应有重视的一种方式。即便是一些著名的保守主义者，包括理论家琳恩·切尼（Lynn Cheney），也赞扬这种做法，因为他们觉得应当教育国人更了解和感激这场独立战争。[25]

正是这最后一群支持者帮助解释了为何该项目首选地在福吉谷，而非费城、波士顿或者华盛顿特区。如果说在国家政治生活中，让独立宫和自由钟登上舞台的是那些相信美国的历史任务在于实现个人自主与自由的废奴主义者和同性恋者的话，那么不断凸显的福吉谷背后则是强调国家核心价值中另一套略为不同的思想。[26] 费城和独立宫代表了启蒙运动的理性价值，而福吉谷则更多得意味着尚武精神。

在这个深受和平主义宗教传统熏陶的地区中心，坐落着一座以军事化管理为教育方法的学校，而且是被誉为全国最顶尖的预备学校。这所福吉谷军事学院位于费城正线铁路的沿线郊区，距历史公园仅有 4 英里。它是一座男生学校，原本只接收 7 年级到 12 年级的男孩，最近则新增了一个两年的初级大学项目。

这里的学生、职员和教师们称学校为福吉学院，强调五大"基础"：学习优秀、人格健全、动力充沛、强健体魄和领导力。在这些基石之上，福吉学院将它的目标写在使命宣言上："增强对上帝和国家的热爱，绅士的素质，高尚的品德；锻炼学生们的人格，使之有益于他们的家庭、母校、国家和上帝。"这与同处一个地区的贵格教派学校的宗旨构成了巨大反差。

虽然教师队伍中军人很普遍，但大部分的毕业生并没有走上职业军人的道路。当然，学校以那些最终成为军人的毕业生为自豪，比如友善而身材矮胖的诺曼·施瓦茨科普照夫将军（General Norman Schwarzkopf），第一次海湾战争中的美军指挥官。学校也是作家 J·D·塞林格（J. D. Salinger）的母校，尽管人们避免谈起塞林格在福吉的岁月与他诡异的隐居生涯之间的关系。

福吉学院建立于第一次世界大战结束后的 1928 年。20 年后，第二次世界大战一结束，一群颇有影响力的商人就创立了自由基金会（Freedoms Foundation），并将它设置在离福吉谷更近的地方。它"为纪念爱国主义和优秀公民精神而建立"，而且德怀特·艾森豪威尔总统在 1949～1969 年担任其董事会主席。

自由基金会是一家针对学校儿童和教师的非营利教育

组织。依据它的一些宣传资料，它"致力于教育年轻人了解国家建立的基石"。不过具体是哪些基石，以及如何定义爱国主义和优秀公民精神，这里并没有清楚地界定。与美国政治生活中保守主义理念相一致的是，这些基石的组成是不言自明、非同寻常和无可争辩的。

就像国家独立历史公园一样，自由基金会也是在冷战的背景下发展起来的。不出所料，1985年当最后一位冷战斗士——罗纳德·里根走上总统宝座时，基金会开启了也许是它最具影响力的项目。自由基金会的成员坚信国家许多问题的根源来自缺少限制的个人自由。他们以自己起草的《责任法案》（Bill of Responsibilities）反对《权利法案》（Bill of Rights）。基于《权利法案》的原型，加上一段序言，《责任法案》总结出了10条规范。其中前几条也许是从《童军手册》里引来的：①"对自己的行为以及行为造成的后果担负全部责任"；②"尊敬其他人的权力和信仰"；③"给予他人同情、理解和帮助"。其他几条看起来则更接近自由主义，比如第⑤条"尊重并遵守法律"；⑥"尊重他人的财产"；⑨"为捍卫自由而担当责任"。这条文冗长的清单看起来非常"纯情"，读它就像读民权运动和越南战争之前公民课的教材一样。然而它却写于1985年，这就让人觉得居心叵测了。

法案背后是自由基金会的信念"权利带来责任"，这看起来也无可非议。不过如果你忽略了这些责任背后更广泛的政治背景，那么基金会福吉谷园区中刻有这篇法案的大理石碑会提醒你：在所有这些责任的末端——实际上就是这块纪念碑的底端——刻有一句话"对上帝本原的爱"。基金会报告称已经有300万份《责任法案》的复本在全球流传。

正是在福吉谷这一独特意义的背景下，新博物馆项目得以建成。美国独立战争国家中心所希望宣传的价值，蕴藏在杰拉尔德·福特（Gerald Ford）总统在1976年建国200周年国庆上的一句演讲词中："尽管繁荣是件好事，但只有当一个国家的公民有着强大的奉献和自律精神时，它才可以长久存活下去。"暂且不论美国独立战争国家中心是否是唯一一个从杰拉尔德·福特处获得灵感的组织，这段引言本身将繁荣的重要性降到"奉献与自律"之下。国家中心相信这些才是福吉谷所代表的价值："在所有与美国独立战争相关的地点中，也许没有别的地方会比福吉谷更能代表坚持和奉献"[请注意这里原文强调用美国独立战争取代了美国革命。这一微妙的变化所代表的政治意味至少可以追溯到尼克松（Nixon）任内。在尼克松政府为200周年国庆做准备时，尼克松将美国革命200周年纪念委员会变成了无耻的党派宣传工具。这种行动的一部分就是资助那些将爱国主义与军国主义画上等号的项目。另一个部分则是将美国革命的去革命化。正如加利福尼亚州200周年纪念委员会正式发布官方声明称："美国革命不是一场'革命'"]。[27]

在笔者写作时，这个项目仍处在筹划、审批和资金筹措的阶段。然而，假如它最终建成，那么它将加入独立游

图12 自由基金会希望以它的《责任法案》制衡《权利法案》。保守主义团体在福吉谷找到了使命与地区历史的结合点,而自由主义团体则是在独立宫

客中心、自由钟展示馆、国家宪法中心和国家独立历史公园等旅游资源名录,成为费城地区围绕18世纪后期历史而发展旅游产业的一个重要引力点。它也将体现美国生活中一些最为艰难的抉择:第六大街和栗树大街(Chestnut Street)代表的是自主、自由和对幸福的追求;福吉谷所

代表的则是坚持、奉献与自律。

我不清楚自由基金会是否看到了下文中的讽刺之处。

2002年,一个为国家公园服务的非营利倡议团体,国家公园保护协会(National Parks Conservation Association),将福吉谷国家公园列为"美国十大濒危国家公园"之一。背后推动这项排名的是托尔兄弟,一家宣称计划在与公园北侧接壤80英亩大小的私有土地上建设超过60座麦氏豪宅(McMansion)[①]的地产开发商。私人财产的神圣性——《责任法案》的第六条——开发商们对它们所持有土地的处置权——与福吉谷的神圣性以及公共利益发生了冲突。

总部设在蒙哥马利县亨丁顿峡谷地区(Huntingdon Valley, Montgomery County)的托尔兄弟(Toll Brothers)是全国最大的"豪宅"建设者。它沿袭了莱维特父子公司(Levitt and Sons)50年前在莱维顿(Levittown)创立的模式:购买大片土地,常常是农业用地(在这里,引起争议的80英亩土地原本是施韦贝尔(Schwoebel)家族的树木苗圃),抹除土地的自然景观特色,统一为相同景观风格,再放置上两三种户型基本类似的房屋,最后向富裕阶层大力推销这些房屋。

托尔兄弟非常清楚买下施韦贝尔这片土地时获得的价值。他们计划将这一地块打造成"福吉谷的俯瞰观景台",

---

① 一种典型面积大但缺乏品位的住宅。——译者注

一个不仅依托了公园的名气而且精准地描述了地块特征的名字。这片麦氏豪宅将从斯库尔基尔河沿岸的高地俯瞰公园的大部分地区,并反过来可能成为游客眼中这座公园最为突出的景观之一。假使乔治·华盛顿将军和他的军队在1777～1778年的冬天能够住在托尔兄弟的房屋里,福吉谷的日子或许没那样艰辛。

开发工作在引发公众关注前,其实已经开展了数年。但是一旦激起关注,社会反应是巨大的。历史学家、保护主义者、环保人士、学校儿童都在抗议这个计划。这也导致了当地政客的介入。对托尔兄弟而言,他们似乎该对这场抗议感到气愤。毕竟,他们没有做错什么,也许是鲁莽,但并不违法。正如托尔兄弟的首席执行官罗伯特·托尔(Robert Toll)在一份书面陈述中所说,这个地块"本身就在已建成住宅旁的居住区里",那里已经被划定为居住用地。

关于福吉谷俯瞰观景台的争论在2004年的夏天结束了。联邦政府向托尔兄弟购买了这片土地,并准备将它纳入公园。具体的成交价格到笔者写作时尚未透露,但有估计称可能超过700万美元。而托尔兄弟入手时的成交价是315万美元。[28]

历史(以及金钱)在福吉谷战胜了托尔兄弟。但几乎同时,历史在费城的海军养老院(Naval Home)被托尔兄弟击败。他们被允许在这处珍贵的历史遗迹上进行开发建设。

海军养老院建立于1799年,由合众国早期优秀建筑师之一威廉·斯特里克兰（William Strickland）设计，并于1826年至1829年在斯库尔基尔河畔建造起来。除了为美国的水手们提供疗养居所，在1846年迁往安那波利斯（Annapolis）之前也是海军学院第一处院址。这是一处不同寻常而又十分重要的建筑群，蕴藏了丰富的军事和建筑历史。1976年，海军因为财政原因将它关闭，并在1988年出售给托尔兄弟，从此荒废达15年之久。

购买海军养老院是托尔兄弟一个更大计划的一部分。意识到郊区大片的廉价土地已经十分稀缺（而且这样做的开发商往往遇到反城市蔓延活动分子的反对），托尔兄弟和另一些郊区开发者将他们的视线转移到市区土地上，希望将郊区的高端住宅搬到市区中来。这个计划唯一的障碍就是场地上原有的建筑物，当然很少有像海军养老院这样重要的。由于历史保护与托尔兄弟所推崇的工业化批量生产方式的设计格格不入，而又不可能获得拆除海军养老院的许可，因此托尔兄弟选择了他们惯用的"以遗忘来拆除"的时间战略。

15年间，场地一直空置着，没有防护也没有担保——托尔兄弟甚至不去除草，更不用说维护建筑——这个战略看起来奏效了。2003年2月3日的早晨，一场人为的火灾发生在了拜德宫（Biddle Hall），这里曾经被当作国家级的历史地标。托尔兄弟在一场官方的新闻发布会上说火灾"是一座伟大地标的损失"。但2003年2月10日，托尔兄弟首席执行官罗伯特·托尔获得了一次幅度46%的加薪，使得他的年薪达到近1000万美金。

然而，托尔兄弟的发布会过于匆忙。火灾发生了，但并未摧毁拜德宫。浓烟散开之后，这座建筑看上去还可以挽救。估计斯特里克兰的房子建造得比托尔兄弟的麦氏豪宅更加坚固。

虽然之前因火灾被费城一位法官困住手脚，但火灾后托尔兄弟带着一份场地的新设计方案回来了。历史建筑得以保留，但其余20英亩土地将填满劣质、仿造的乔治城式联排别墅——正如历史委员会的建筑师兼会员哈里斯·斯特因伯格（Harris Steinberg）将之描述的"俗气的糖果新大陆"。另外，它也有一处大面积的停车场。这个方案，尽管平庸而缺乏创造力，但仍旧通过了历史委员会（斯特因伯格反对）和分区管理会所有必要的审核。众所周知，这些委员会往往对规模庞大且人脉丰富开发商的意愿采取默许方式。

托尔兄弟的故事似乎说明自由基金会在爱国主义与私有财产保护之间划的等号可能没那么简单。开发商们不喜欢历史保护所带来的种种限制；保护主义者则认为当一幢建筑、一个地点，或者一处风景一旦被开发，那么我们与过去的关联即被切断。在特拉华河谷这种拥有厚重历史的地区，平衡这两方面的忧虑并非一项简单的任务。

小问题：独立战争时期13个州中哪一个州经历了最多的战斗？答案：新泽西州。和英军、黑森士兵与华盛顿的军队作战相比，新泽西的房地产再开发与扩张有着更好的运气。举个例子,特伦顿18世纪的遗址就没有受到什么重视。历史学家莎莉·莱恩(Sally Lane)说:"如果你想在特伦顿做一次关于18世纪历史的徒步观光,那你得说'在这个停车场下面'……有很多……。"沿公路往下,普林斯顿大学高级研究院最近宣布,计划在它拥有的一处战场遗址上建造15栋住宅。由于大部分的战斗发生在新泽西的乡村,很多景观已经悄无声息地消失了。如莱恩所讽刺说,新泽西"发生了更多的战斗……而且我们已经把它们搞定(铺平)了"。[29]

保护和发展18世纪遗迹的努力构成了费城市区和区域内其他地方的又一个差异。我们期望费城保护它18世纪的历史——毕竟这也是我们18世纪的历史——而对那段历史遗迹的每一次威胁都将造成一场争论。尽管费城在努力保护和发展成为一座18世纪历史的宝库,但与此同时这段历史正在费城周边的区域大量消失。农场、庄园,以及构成了革命时期特拉华河谷的农业景观已经很难找到。它们安静地逝去了。

所以,举个例子,当国家历史保护信托发布了2005年年度全国最濒危历史遗址榜单时,许多人惊讶地看到斯布林盖特布里(Springettsbury)镇区内一片60英亩的遗址入榜。在这片遗址上,美国政府修建过安保设施,在1781~1783年间关押过1500名英军俘虏。目前为止,这里仅在1979年进行过一次考古发掘,规模小而且时间短。现在这片土地被出售给一个计划做大量开发的地产商。

鲜有人知道美国独立战争时期的这段插曲,似乎更少有人关心这片遗址的命运。

当然,也有许多地方为了寻找保护自身历史建筑和景观的途径而持续努力。这种努力体现了美国日常生活中两种针锋相对的大规模、不断增长的力量。一方面,一些地方受到类似于托尔兄弟这类企业的推动,持续地以鲁莽、无计划、不可持续的方式蔓延扩张;另一方面,越来越多的美国人想要看到他们与过去的联系被保护和维系下去。特拉华河谷地区的特点在于这里的地方性斗争往往迅速被赋予全国性的意义。

根据市场调研,费城在非裔美国游客旅游目的地中名列第一。这背后有各种各样的原因说明为什么这大致是真的,其中大费城地区旅游和市场推广理事会在向非洲裔美国人营销这座城市时,着重强调了费城的非裔美国人历史。

具体而言,大费城地区旅游和市场推广理事会提到了伯特利圣母(Mother Bethel)教堂,这一全国首座非洲卫理公会教堂;也提到了18世纪理查德·阿伦(Richard Allen)和阿布索隆·琼斯(Absolom Jones)的事迹,他们创建了美国首个黑人自助组织,自由非洲人协会。[杜波依斯(Du Bois)在《费城黑人》(The Philadelphia Negro)的开篇即记载了这段历史,讲到了自由非洲人协会:"这是多么伟大的一步啊,时至今日我们都很少意识到;我们必须提醒我们自己这是一个民族向着有组织的社会生活迈出的颤抖的第一步"]。[30] 这里也有许多与反抗奴隶制度相关的19世纪重要历史遗址。最近，费城保护开发了一系列重要的非洲裔美国宗教和艺术界历史人物的居住地，包括莱文莱德·保尔·华盛顿（Reverends Paul Washington）和利昂·沙利文（Leon Sullivan），约翰·柯川（John Coltrane），玛丽安·安德森（Marian Anderson），以及保罗·罗伯逊（Paul Robeson）。后三位的居住地面向公众开放。

毫不夸张地说，直到20世纪初费城仍有着全国城市中规模最大、最具影响力、最有成就的黑人群体。的确，1830年非洲裔美国人占到费城总人口的10%。[31] 然而，尽管费城对于美国黑人的发展起到至关重要的中心作用，但非洲裔美国人的经历与"自由诞生地"之间的联系可以说是仍然很复杂。纪念建国的国家性圣坛也提醒着世人，在18世纪的美国并非所有人生而平等，而建国宣言中许下的诺言在很多方面没有实现。对许多人而言，这些圣坛上讲述的欢庆故事其实带着刺眼的遗漏与缺失。

这种状况在2002年1月得到了改善。

在宾夕法尼亚州历史协会的学术型刊物《宾夕法尼亚历史与传记杂志》2002年元月刊中，当地历史学家爱德华·劳勒（Edward Lawler）发表了关于乔治·华盛顿官邸（第一座白宫）的文章。这栋建筑在1832年被夷为平地，只剩下相当不精确的有关位置和平面的模糊记载。劳勒扮演了一个侦探兼历史学家的角色，确切说明了它曾经的位置，而且更富戏剧性的是，这里还是华盛顿总统安置他从弗吉尼亚州所带奴隶的地方。

所有这些发现本可以使劳勒成为小众、尘封的职业历史学家圈中一个不大不小的英雄。但是让劳勒落入公众聚光灯下的是他得到的结论：白宫官邸的一部分正位于新的自由钟陈列馆之下，后者当时仍在建设之中，而将来的参观者还要从曾经的奴隶住屋上方经过才能进入到展览自由钟的建筑中。历史再一次证明，它比任何小说还要精彩。

劳勒的文章恰逢当时大规模的独立宫广场和建筑群建设，这促使一群历史学家们 [他们有点无聊地将自己称为历史学家特别行动小组（the Ad Hoc Historians）] 游说公园管理局，将奴隶制以有意义的方式融入新的自由钟建筑中去。这群历史学家中的一位，兰德尔·米勒（Randall Miller），告诉《纽约时报》，"这是一次引发人们对自由的矛盾本质产生兴趣的机会。"[32]

虽然历史学家和其他人士对这富含教育意义的提议感到十分激动，但国家公园管理局没有那么热心。管理局含糊其辞、刻意回避，希望这件事能尽快过去。官员们与历史学家们在2002年的5月会面，并承诺考虑对展览布局进行调整。但一年之后，国家独立历史公园主管玛丽·博马（Mary Bomar）的立场又变了，质疑历史学家是否真的确定官邸中奴隶住屋的存在。到2003年年底，公园管理局似乎更感兴趣的是标记出华盛顿官邸的边界而不是奴隶住屋。这种立场被 Ed 劳勒称作"欺骗和对知识的不诚实"。[33]

同时，一个自称为"祖辈复仇联盟"（Avenging the Ancestors Coalition）的更有想象力的团体开始向公园管理局施压，要求后者在重建的场地上将奴隶住屋包括进来，并且在附近为奴隶和奴隶制度的国家性纪念馆腾出空间。当历史学家特别行动小组在会议室里大声抗议时，"联盟"为请愿书收集签名，并发起了街头游行。

我们知道华盛顿至少带了 8 名或者更多的奴隶来到费城。我们也知道华盛顿为此非常担忧，认为一旦到达费城他们可能就会逃跑。后来事实证明他的顾虑是对的。跟随华盛顿居住者中有一位叫欧诺·佳治（Oney Judge），这座城市以及她在费城自由黑人社区的朋友给她灌输后来称之为"对于完全自由的渴望"的思想。1796 年，她逃到了新罕布什尔州的朴次茅斯。华盛顿非常愤怒，派遣总统特工追捕她，但没有成功。在对这个看来"不经一丝挑衅"就擅自逃跑的粗鲁年轻女人的怒气未消之时，他的厨师也逃走了。没办法，华盛顿的家人甚至准备回到弗农山区。1791 年，华盛顿还曾写信给托比亚斯·李尔（Tobias Lear），"自由可能是一个让人太难以抗拒的诱惑。"的确一直都是这样。

华盛顿的奴隶逃跑时，他们居住在费城的第六大街和市场街；但是他们自我解放和敢于挑战的个人行为，正如费城历史一样，充满了国家性的意义。全国的人民为了参

图13 尝试为祖先复仇。华盛顿将他的奴隶们安置在第一座白宫,正好位于现今自由钟陈列馆的入口。国家公园管理局一直不承认这个事实。照片由约瑟夫·贝克顿(Joseph Becton)提供

观与自由和解放相关联的纪念物而来到费城,很难想象除了华盛顿和他奴隶的故事之外,还有什么更加有效和富有戏剧性的方式来谈论这些伟大的事迹。我也无法想象一个更好的背景,来讨论过去与现在的关系。如果关于奴隶制的纪念能纳入国家独立历史公园,那么非洲裔美国人也将在我们国家意志的舞台上获得他们应有的位置。

奴隶制可能是萦绕这个国家最为长久的历史亡魂。或许在费城的独立广场我们终将能够直面于它。

第 3 章

特拉华河谷与中产阶级

我常和我的学生们玩一个游戏：问他们，"如果你是中产阶级，请举手"。几乎每次，所有的手都举了起来。

问题就在这里：美国人民似乎都是中产阶级。我知道医生和律师坚称他们也是中产阶级，哪怕他们年收入超过50万美元。这是我们自我定位的关键点，其重要性甚至超过苹果派、棒球和妈妈们。

当然，我游戏的目的是帮助学生们更加仔细地思考，我们所说的中产阶级到底意味着什么，以及什么构成了中产阶级的资格。毕竟，如果每个人都将自己视为中产阶级，那我们难道不是面对另一版本的加里森·凯勒（Garrison Keillor）所著的《沃博艮湖的日子》（Lake Wobegone）吗：如果所有的孩子都在平均线以下，那高于平均线的孩子们到哪里去了？

这个定义的问题很微妙。或多或少，我们从卡尔·马克思那里汲取对于阶级的理解，然而马克思自己并不太关注中产阶级。他只抽象出两个阶级：那些拥有生产工具的，以及剩下的无产阶级，也就是那些为前者劳动的人。也还有一部分人处在两个阶级之间，但马克思认为他们不会长久存在。最终他们中较小一部分人可能会成为资本家，而大部分人将变成无产者。

以严格的经济分析来看，这可能是马克思一个有争议的观点。历史也可能最终证明中产阶级在宏大经济发展潮流中只是昙花一现，但是他们——我们——毫无疑问的是今天经济生活中最主要的收入创造者，即便如何定义中产阶级的收入水平总在不断变化。

收入虽然是我们使用"中产阶级"这个标签时所传达的一个意思，但也许理解中产阶级的一种更好的方式，是将它视作一种文化——一套价值体系、行为方式、认知特征，以及其他那些能够明确将自身认定为中产阶级时的特性。从这个文化意义说——不论伟大的历史辩证法怎么说——中产阶级都是成功的。这个标签迎合了我们对自身文化认同，在这个国家里承认贫穷——或者说是变得更穷——不是评判个人失败最好的证据，而且至少到最近，富裕而不觉羞愧，了无歉意，甚至洋洋得意在一定程度上会被视为耻辱。美国人都是中产阶级，而且我们已经这样一些年了。1858年，诗人和报业媒体人沃特·惠特曼（Walt Whitman）通过写作告诉他的读者们："任何社区里最为珍贵的阶层就是中产阶级……"[1]

最重要的一点，对中产阶级的期望就是对流动性的渴望。中产阶级成为如此吸引美国人的身份的原因，就是它本身带给我们可以向更高处流动的感觉。不用管这种渴望是否真的可以实现,不用管在统计意义上我们当前可能已经形成将大多数人套牢的阶级结构,美国人并不生活在聚类统计学研究或者其他跨时间的研究中。他们生活在自己的渴望之梦中,而中产阶级恰恰是做这种梦的最佳位置。

在这一章中我将要回顾特拉华河谷对于中产阶级形成的贡献,包括对所谓中产阶级文化的影响。也许费城都市区,比美国其他任何地方都要更多地影响了美国式中产阶级的形成和文化。我或许不能说费城是一个中产阶级地区的原型,但至少它是一个典型。正如18世纪的特拉华河谷是这个国家的摇篮一样,它也孕育了现在无所不在的、我们所谓的中产阶级。

在费城和它的周边地区成为"世界作坊"之前——这是其工业经济在20世纪初达到顶峰时的绰号——它也以"世界最佳穷人之乡"而闻名。早在1724年,就出现了这个描述费城的短语,而且在整个18世纪经常被用来指代费城周围从特拉华河一直到萨斯奎哈纳河(Susquehanna)的广阔腹地。整个费城地区就是"世界最佳穷人之乡"。[2]

与此同时,在费城城市周边向外延伸50英里的范围,威廉-佩恩在这片此后成为西方世界最优质的农业土地的中央开始了他的神圣实验。当欧洲人开始大量到来时,这个区域只零星地住着一些土著人,因此并不存在类似于新英格兰地区的飞利浦国王战争(King Phillip's War)或者

图14 "世界上穷人最宜居的国家"。像这样的农宅便是兴旺的农产阶级之住所。费城图书公司供图。

弗吉尼亚的贝肯叛乱（Bacon's Rebellion）之类与土著之间的大规模战争。这里地形微微起伏，地势平缓且有良好水源。气候大体上是稳定的，没有酷暑或严寒；这个地区也极少遭遇大规模气候灾难。就园艺角度而言，大费城地区坐落在两片种植区的交界处，因此它几乎可以种植任何东西。

这拉开了大费城地区与它东海岸的两姊妹，纽约和波士顿，之间的距离。18世纪的纽约是一个忙碌的小海港，它的城市蜷缩在曼哈顿的一端；波士顿，尤其是18世纪上半叶，统辖着一片处在挣扎之中的地区。新英格兰是一片糟糕的农耕之地——气候严酷而不可靠，土壤中的石头还特别多。早期离开新英格兰地区前往中西部平坦、开阔土地上扎根的东北部美国人，一定会以为他们来到了天堂。相比之下，由于大费城地区的自然优势，此地在发展初期并未经历过"饥荒时期"，尽管饥荒是新大陆其他欧洲殖民地当时的普遍现象。

到 18 世纪中叶末期，费城地区自给自足的农业逐步演变为市场化农业。那些曾经通过费城港到达这片区域并迁往内陆的威尔士、苏格兰-爱尔兰和讲德语的农民们开始获得丰饶的农业产出，以至于他们可以通过费城港再出口并行销到大西洋两岸。大费城地区的农产品被转运出口到其他的东海岸港口、西印度群岛、大不列颠和爱尔兰、法国以及伊比利亚半岛。截至 1740 年，"中产"农民出口到各地的他们的农产品已经占销量三分之一到二分之一。[3]

而这样的成功很少来自我们所谓科技进步。来到费城的欧洲移民们带来了传统的耕作方式，并在整个 18 世纪继续使用。这并不要紧，因为这个地区的自然资源是如此的丰富以至于农业产出持续不断地增加，区域内农民的财富也随之增长。到 1800 年，费城人口总量增长到了 6 万～7 万，而整个区域的总人口达到了 30 万，其中大部分是农民。

当时，费城港的区域农业贸易中心地位已受到巴尔的摩快速发展的挑战。大费城地区西部边界的农民发现，通过水运将农产品运往萨斯奎安纳比经陆运抵达费城更有效率。然而，不论使用哪一种交通方式，根据历史地理学家詹姆斯·T·莱蒙（James T. Lemon）的发现，19 世纪初费城地区的农民们比西方世界其他任何地方可资比较的农民，都拥有更多的财富与更高的生活水平。[4] 在它百年的欧洲式生活中，费城看起来的确是"世界最佳农民之乡"。

因此，这也是关于城市与区域如何密不可分地联系在一起的第一个美国案例。如若没有费城及其港口、商人和金融资源，如此大量的农产品将难有多少价值。显然，那些农民生产的小麦、生猪、苹果和燕麦远远超出本地人口的消费需求。假如没有更广阔的全国性和国际性出口市场，那些农民也许可以过上自给自足的舒适生活，但绝不会有他们所想要的更奢华的财富。费城是通往外部市场和繁荣的钥匙。

反过来，假若没有充足的农业腹地，人们会怀疑这座城市是否能够发展成18世纪这般惊人的规模，成为西半球最重要的中心城市。实际上，虽然费城港很宽阔，至少以18世纪的标准来看是这样，但是从伦敦到这里比到纽约要多出额外的两百英里，而且从入海口沿特拉华河逆流而上航行也比较困难。此外，由于是淡水港口，它在冬季的月份里时常结冰。在一定意义上，这座港口的主要优势在于它与出口农产品之间便捷的陆路交通。

简而言之，18世纪费城造就了这个地区，同时这个地区也造就了费城。此外，这个地区也造就了其他一些小城市或市镇。尤其是18世纪中叶，许多人追随威廉·佩恩建立了作为农业贸易中转站的新城市。大费城地区内的城市化浪潮包括切斯特、西切斯特、雷丁和伊斯顿的建立。在巴尔的摩的竞争压力下，费城建造了美国第一条硬质铺面的收费高速公路来连接费城与兰卡斯特（Lancaster），另一座18世纪大费城地区商业网络中的卫星城。截止到1800年，这片地区已有300多座这样的大小城市。[5]

历史学家们大体上将"阶级"的诞生视作19世纪工业革命的产物。用"阶级"来描述18世纪的群体可以说是用错了时间。18世纪的观察者们意识到的是"中等地位"的人群、"中等境况的人们",以及"中间类别"。在城市的语境中,这些描述多数是指工匠和手工业者,尽管他们不是大商人或专业人士,但他们已经取得足够的成功来获得一定程度的社会地位和独立。

那么也许世界最佳穷人之乡的最后一项重要性,在于它是一个可以令18世纪的那些与欧洲农民没有两样的本地农民能够期望获得中等社会地位的地方。

这个地区的农场规模小、整洁、有序,而且在整个19世纪持续繁荣。然而,在本世纪的第二个25年中,大费城地区作为美国和大西洋两岸粮仓的角色逐渐转移给了中西部和大平原地区的更加富饶、更加平坦的大草原,芝加哥崛起成为这一活动的中心。如果芝加哥,正如历史学家比尔·克罗农(Bill Cronon)所宣称的,是一座诞生于——而又反过来塑造了——广袤而富饶自然腹地的都市,那么费城应该是体现这种关系的第一座美国大城市。[6]

然而,当芝加哥在此方面超越费城时,大费城地区的经济已从农业转型为工业,而且它新兴的中产阶级正是这种经济的产物。

绝大多数历史学家同意,作为城市化、工业化经济的产物,中产阶级直到19世纪中叶都未成为一个可清晰辨别的群体,在美国内战结束前也没有完全成型。当然到了

1858年，它已经有些明显到惠特曼用诗歌来赞美它。

工业化的一个影响是区域经济的重心从乡村转移到了城市。费城港仍然是经济生活的中心，但如今是因为它将工业产品而不是粮食运进运出这个地区，费城的腹地依旧种植着大量的农作物，但它出产的无烟煤更具价值。全国而言，1890年根据联邦统计普查的结果，工业产品的总价值首度超过了农业产品。这一转变在费城很有可能发生得更早一些。因此，我们考虑中产阶级形成过程的同时，也将关注点从乡村转向了城市。

历史学家斯图尔特·布鲁明（Stuart Blumin）做出了我认为针对19世纪所兴起的，他称作中产阶级"生活方式"的最好的历史分析。在没有忽略"阶级"这个术语经济基础的前提下，布鲁明基于一套新的工作地点、生活空间、社会联系——简言之，即用文化的、而非严格经济上的定义来解释中产阶级的含义。[7]

布鲁明对19世纪中产阶级的定义强调了那些身处中产阶级的人们是怎样在社会上被工人阶级所隔离——在工作中、在家里、在教堂，还有别的地方。他们结交的其他阶层仅限于他们的雇主，他们仿效后者的样子并渴望达到后者的社会地位，而不是那些在经济和社会阶梯上比他们自己还要卑微的人。

工作，在布鲁明看来构成了诠释中产阶级最为重要的一方面。具体而言，费城工业经济的发展催生出新一代的劳动力。中产阶级包括那些身穿白领而非蓝领衬衫去工作的人，他们用头脑而非用双手去工作。

这种差别，反过来也导致了费城工人工作空间的类别差异。随着产品生产和销售越来越多地分开在各自独立的空间里进行，零售商铺成为这些新一代非体力劳动者工作的地方，并发展成明显更具吸引力的场所——更明亮、更干净、更宽敞，比制造产品的工厂更为体面；而后者则继续肮脏、布满灰尘的样子，使人厌恶。

不同的工作环境也带来不同的生活方式。随着19世纪逐渐过去，那座18世纪的"步行城市"，那座曾经居民和各种工作彼此多元共存的城市，延伸扩张成一座面积更广、密度更低的产业与居住日渐分离的城市。换句话说，在美国内战之后费城的中产阶级搬进了他们自己的新社区。

很多中产阶级的家庭跟随着新建的铁路线和有轨电车线，从中心城区搬迁到西费城与春天花园（Spring Garden）地区的"有轨电车郊区"，以及像艾利山（Mount Airy）这样的近距离铁路郊区。[8] 在那里，他们跟类似的中产阶级家庭生活在一起，居住在与城市拥挤、老旧环境截然不同的宽敞且绿树成荫的院子中。由于人们工作与居住在不同的地方，所以住宅成了拥有一组卧室、客厅和书房的完全居家场所。我们将这些住宅，有的是双拼式、有的是独立式，称作"维多利亚式"，一个既代表着一定建筑风格，也代表了这些住宅期望带来的"中产阶级家庭生活"的标签。

在这些新的"有轨电车郊区"中，新兴中产阶级成员在他们自创的社区化、社会化和新的文化环境中度过业余时间。我们大概可以称之为"有道德"的中产阶级成员业余生活的重心是教会。举例而言，1855 年，费城第一长老教会 84 名男性成员中的 74 位是非体力劳动者。[9] 这些教会常常带领会员们参加节欲活动，还有几次废奴运动。除了教会团体，费城的中产阶级也组织读书会、音乐与合唱团，参加棒球和赛艇等新兴运动，并且组建了许多兄弟会和志愿组织。与他们的工作和家庭生活一道，这些社会网络也定义了中产阶级的内涵。

因此，截至 19 世纪末，费城已经构建了一座比其他任何美国大城市都更为彻底的"中产阶级"城市。如果我们对于纽约那些年的印象是一座移民不断涌入的城市，正如雅各布·里斯（Jacob Riis）的书《另一半人怎样生活》（How the Other Half Lives）中所记载的公寓大楼，对于芝加哥的印象是来自厄普顿·辛克莱（Upton Sinclair）《屠宰场》（The Jungle）中那个关于养殖场和在那工作移民们的恐怖故事的话，那么我们对费城的印象应该是反映着稳定中产阶级家庭生活感的整洁街道和独栋别墅。费城不仅是一座邻里之城——这个城市的另一个外号——更是一座中产阶级的邻里之城。

这些邻里的发展伴随着城市的发展。正如 20 世纪后期人口的变化趋势一样，到了 1840 年费城地区的人口中心已经不再在城市的最初界限内，或者技术性地说在威廉－佩恩所设定那两平方英里之内，而是在它以北。到 1850 年前后,超过 20 万人居住在葡萄街(Vine Street)以北的区域,188000 人住在原先的市区内。更有甚者,春天花园和肯辛顿地区的人口增长率超过了适度的城市人口增长率。

对许多城市领导者来说,这是一个问题,而且它的解决方案看起来很明显:合并(consolidation)。因此,1854 年州立法院通过了一项重新划定城市边界的计划。费城从小小的 2 平方英里增长到将近 130 平方英里,吸收进它的许多第一代和第二代郊区:北利伯蒂(Northern Liberties)、南瓦克(Southwark)、春天花园(Spring Garden)、日耳曼城、肯辛顿、弗兰克福德(Frankford)和西费城(West Philadelphia)。

除了急速聚集的人口,费城新划定的地界内仍有大片乡村土地,这种状态一直延续到第二次世界大战以后。1854 年,1500 个农民和 1 万头牛生活在美国第二大城市中的农场里。[10]

1854 年的这次合并,再一次证明费城是一个典型。它是美国大城市中,第一座为了适应工业化所带来的剧烈变化而重新绘制自己行政边界地图的城市。在 19 世纪余下的时间里,很多城市也跟着这样做,最叹为观止的要数 1898 年曼哈顿为建立纽约市而一口吞并其他四个大区了。

带着他自己都不知道的预见性,安东尼·特罗洛普(Anthony Trollope)讽刺称如果所有美国城市都效仿费城的例子,那么"很快将没有乡村人口了"。[11] 在合并的年代,都市区的扩张使那些对在城市中生活感到不自在的中产阶级——至少是在拥挤、差异、"混杂的"城市是这样——又留在了城市中。

费城市内中产阶级兴起所带来的这种空间与体验上的转变与郊区发展也相互关联。如果说路面电车或电车促使了像西费城地区那样"有轨电车郊区"的发展，那么铁路服务则使得同一条中产阶级铁路沿线的通勤市镇成长起来。诸如兰斯多恩（Lansdowne）、伊顿（Yeadon）、阿德莫尔（Ardmore）、辛维德（Cynwyd）、德雷赛尔岭（Drexel Hill），以及其他一些市镇开始发展，并以它们各自的方式再现了发源于费城的中产阶级生活方式。

在一个公共交通系统所受资助不足且使用不充分的时代——费城都市区的 SEPTA（The Southeastern Pennsylvania Transportation Authority）是出了名的笑料——可能很难记起我们今天所了解的这个地区曾经受到铁路多么大的影响。铁路线先后地横穿了整个区域，使得此区域物理上的扩张成为可能，而且将它联结在一个连贯、可靠的火车站、时刻表和交通枢纽组成的网络中。辛维德小镇就是中产阶级费城发展历程中铁路作用的完美案例。

辛维德，尽管距中心城市区很近，在19世纪末却只有几百个居民，这很大程度上是因为离它最近的火车站，梅里恩（Merion）也在1英里之外。当宾夕法尼亚铁路集团的斯库尔基尔分部建设了一条从中心城市经停辛维德再到诺利斯敦（Norristown）和雷丁的铁路线时，这个宁静的小镇发现自己和广阔的区域网络连接了起来。房产投机

图15 排屋成了费城特有的住宅风格,而且它也成了拥有独户住宅的美国梦诞生之地。图中的是建于1920年的排屋。费城图书馆公司供图

者涌入了这个地区,将农田和庄园瓜分成建设用地。仅十年间,辛维德的人口翻了将近3倍,到了1916年宾夕法尼亚铁路集团宣称辛维德已经成为"费城增长最快和最受欢迎的郊区之一"。[12] 那些前去辛维德的人们都是中产阶级——不管是富人还是那些在商铺里工作的人——这个例子呼应了那个基本观点:中产阶级是铁路时代的产物。

我想,拥有自己的住房而不是其他的事情,是人们讨论美国中产阶级时最为核心的内涵。至今,拥有自己的住房仍然是我们衡量美国中产阶级对于社会地位和财务稳定的追求标准。我们认为的与中产阶级式家庭生活相联系的所有特征都产生于——而且受庇护于——独户住宅,而且购买住宅仍然是绝大部分人最大的单笔财富投资。"美国梦"的组成可能不仅是拥有一套住房,但无疑这是最重要的。

这在费城也一样。我们今天所理解的中产阶级,包括手工业者、工匠和其他"中间类别"的人们,可以通过拥有他们自己的宜居住房而在费城获得社会的尊敬。把费城称作"住家城"并不为过。

住房和中产阶级之间的等号大致形成于19世纪上半叶。正如历史学家多娜·里灵(Donna Rilling)所述,住宅建设本身也是当时费城经济的一个主要组成部分。根据她的计算,大约25%的费城男性工人参与或依靠建筑业生活。在1790~1850年间,这些建设者们为城市新增了52000套新居。[13]

住宅新增量相当一部分可归因于城市人口的增长,后者在此60年间从不到50000人增加到将近400000人。然而,纽约和波士顿在那些年中同样增长迅猛,而它们的居民都未曾居住在类似费城街道景观的独户住宅中。

为了理解独户住宅为何得以在费城中占主导地位,使这座城市得名为"住家城",我们需要理解费城独特的工艺传统和建筑文化。我们也需要理解"地租"的特殊作用。

正如里灵所解释,费城大地主中很多人的土地持有可以追溯到18世纪。在当时的普遍做法是将他们的土地分割成许多块,并向购买者出售以收取年租,只要土地在购买者的名下购买者就需要支付年租。而购买者一旦拥有了名义并且支付年租,即可利用这片土地开展任何活动。

往往土地的购买者是建筑机械工人、木匠,或者其他工匠,而且他们往往选择在那块土地上建造一栋两层或者三层的住房。这些建设者往往将建好的住宅销售或租赁出去，并享有由此而带来的利润。[14]

地租体系在19世纪上半叶造成了几个互相关联的效果。由于降低了资本准入门槛，它使得建设者和工匠们做起了房地产开发的生意。他们只需为"租用"土地支付金钱，而不是修建成本再加上土地本身的价格。这意味着大量的独立建设者们可以通过房地产开发提高他们的经济地位，即便他们自己甚至并不拥有土地，或缺乏足够的资本来购买。这种创业式、小规模的发展模式反过来造就了小单位联排住宅单元的大面积开发，而非在其他城市兴起的大规模公寓大楼和公寓单元套间。在费城，超过80%的建于19世纪40年代的建筑只有3层。[15]这意味着住宅的价格比其他城市的同类住房要低（费城地区的房地产现在仍比其他东北走廊地区的要便宜）。地租体系既让中产阶级住上了独户住宅房屋，又使得诸如木匠和建筑工人这样的体力劳动者能发展成为中产阶级。

这套地租体系是一种本质上保守的城市发展方式，是欧洲的遗物，也是费城人为解决19世纪急迫需求而采用的一种近乎中世纪的土地利用方式。对于费城人而言，这套地租体系几乎是独一无二的。没有其他任何的美国城市是以这种方式发展起来的，因此也没有其他城市培育出独户住宅的物理储备和文化体系。在对1857年费城制造业的研究中，埃德温·弗雷德利注意到地租体系"给只有少量资本的人们带来了在其他城市不可能获取的资源……在此意义上，对于机械工人、小商贩，甚至劳动者而言，成为宅地的主人十分普遍"。同样地，1881年艾迪逊·伯克（Addison Burk）认为"费城是一座住家城，这主要是地租体系造成的"。[16]

与18世纪农民的情况相类似，大费城地区不只是创造了中产阶级。费城作为"住家城"，是一个只有工人阶层工作和收入的人们却能够成功进入中产阶级的地方。

地租体系在1854年戛然而止，这正是费城重划边界以合并外围郊区和其他居住区的那一年。州立法机构要求停止一切"永久性"的合约，而地租合约就在此之列。19世纪下半叶，费城其他的住房建设金融制度取代了地租体系。如果说美国内战前独户住宅是建筑产业副产品的话，那么内战之后独户住宅则成了建筑产业的首要目标。截止到1867年，内战结束后短短两年，费城平均每年新增四千五百栋联排住宅。[17]

从内战到第一次世界大战，费城增加了大约100万人口。他们中许多人生活在第二代联排住宅中。这些房屋围绕着北费城地区和靠近东北部工业区的工厂建筑，也排列在南费城意大利人和犹太人聚居区的街道两旁。同样，费城在十九世纪的爆炸性发展并不是孤例。纽约、芝加哥、圣路易斯、底特律——所有美国的大城市在工业化时代都经历了令人瞩目的增长。但是当纽约人居住在多层公寓大楼中，波士顿人居住在"三层甲板"中，芝加哥人居住在各类破烂不堪的住所中时，费城人基本上居住在联排住宅里。

我们不应过于浪漫。19世纪费城的生活也可能是肮脏而残酷的，尤其是对于那些处在经济收入底端的阶层或者有色族群的人们而言。可是即便如此，依据一份估计，1880年波士顿平均每8.25个人拥有一套单独的住所，而在纽约是惊人的每16.36人，但在费城这个数字仅是每5.7人。一栋独立住宅正好住着一个家庭。住房自有率保持在25%，而且一个每周收入25美元的家庭（比大部分工人挣的更多，但未超出比工人阶层家庭多一个收入者的程度）被认为是一个潜在的住房持有者。[18]

费城除了给世界展现了独户联排住宅的城市景观——成千上万、一个个的街区、一片片的邻里——费城其实也塑造了这些景观背后以及全国各地成百上千中产阶级住房中的中产式家庭生活。

在20世纪早期，下班回家之后爸爸可能会坐下来阅读《星期六晚报》。《晚报》是柯蒂斯出版王朝的一部分，20世纪初它的办公地点就位于独立宫正对面第六大街宏伟的总部大楼。1889年爱德华·波克（Edward Bok）接管之后，《晚报》以大量色彩丰富的图画与广告搭配其大半针对男性读者群体的各类评论。截止到第一次世界大战，大约有50万人阅读《晚报》。

实际上，自1830年《高蒂名媛书册》（Godey's Ladies Book）首次出现时，费城的出版公司就一直在影响着新兴中产阶级的品位和世界观。每次发刊包括一段音乐、针线活的样式，和"有道德感及教育性"的普通阅读材料。到 19 世纪 40 年代它自称是全国流通量最大的月刊。19 世纪晚期《高蒂名媛书册》的继任者便是柯蒂斯出版集团的另一个旗下刊物：《妇女之家杂志》，它自 1883 年开始发行，而且柯蒂斯夫人也在编委会中。这份《杂志》提供了菜谱、家庭装饰的建议，以及有关行为举止和道德的教导，备受大众喜爱。

20 世纪 20 年代，除了迎合那些已经生活在自有住房中的人们，《杂志》开始以 1 美元的价格推广它自己的房屋平面设计。当时，柯蒂斯出版集团每月印刷 1600 万份杂志。柯蒂斯出版集团与中产阶级家庭生活的联系如此之大，以至于著名事务所麦基姆、米德和怀特公司（McKim, Meade and White）的建筑师斯坦福·怀特（Stanford White）说："我深信爱德华-波克对于家居建筑的积极影响，要大过与他同时代的任何人"。[19]

20 世纪头 25 年中的中产阶级生活在其他方面也带有其他很多费城的印记。当爸爸可能正津津有味地读着《晚报》时，妈妈可能正在准备晚餐，其中包括在坎贝尔（Campbell）买的、生产于肯顿（Camden）大型工厂的罐头食品。晚餐之后，全家人也许会坐下来听一会儿胜利牌留声机放的唱片，而这些也都是制造于肯顿。当商业化的广播电台在 20 年代传到美国时，这个家庭可能会围绕着一台飞歌收音机。飞歌收音机是 20 年代全国规模最大的收音机制造商奥特霍特·肯特（Atwater Kent）公司的产品。1929年一个特别的星期天，这个家庭可以在全国50个电台播出的美国第一台广播交响乐团音乐会上听到利奥波德-斯托科夫斯基带领着费城合唱团歌唱。

出于这些和其他的原因，演员和剧作家、同时也是一名成功电气技师的儿子，约翰·塞西尔·霍尔姆（John Cecil Holm）将20世纪早期的费城视作"一大片连绵的中产阶级"。[20] 在这个意义上，费城在美国其他区域同样出现大片连绵中产阶级的过程中起到了重要的作用。

20世纪60年代中期，社会学家赫伯特·甘斯（Herbert Gans）搬到了费城位于新泽西一侧郊区的一座小房子里，并完成了经典的《莱维顿镇人》（Levittowners）研究。[21] 甘斯之所以选择费城郊区作为他的研究对象，很可能与他当时在宾夕法尼亚大学教书最为相关。然而《莱维顿镇人》可能在不经意间强调了费城都市区充当了战后人口和文化上从城市向郊区大规模迁移的先锋。又一次的，费城是原型但又不那么典型。

中产阶级迁往不毛之地的故事常常开始于在战后不久开放的长岛上第一座莱维顿小镇。莱维特兄弟明白，对于被压抑的住房需求，在将近15年的萧条和战争之后，将为任何打算抢占先机的建设者提供巨大的机会。

他们令人叹为观止的工程创新在于找到了一种批量生产单栋独户住宅的方式，达到了前所未有的建造速度和规模经济。就本质而言，莱维特兄弟将住房的建设，这一曾经被工匠和承包商垄断的业务，转变为像通用汽车或麦当劳汉堡包一样的标准化工业产品。只有这样,装配流水线才能在一套套的住房间不停运转,而不是相反。

莱维特兄弟和他们的莱维顿小镇为战后郊区的开发创造了开发商稍有微调便沿用至今的开发计划蓝图。在都市区找到一大块绿地——最好是农业用地,因为它已经被清理好了。除去景观的自然特征;放下一套曲线形的道路(格栅网络状的街道过多地充斥着城市);然后建造一定数量实质上完全相同的住宅单元,它们的地块大小和建筑面积取决于开发商制定的价格。在此意义上,战后的美国到处都是莱维顿小镇。

战后郊区也许代表了——我并非夸张——从6000~8000年前人类第一次聚居在城市中以来最为深远的社会革命。在美国的郊区,大量人群首次不在高密度的城市环境中生活,不再缠绕于复杂的经济、种族、宗教和其他种类的社会网络。他们也不再生活在小型聚居点——小镇或村庄——这些更直接地与食品生产相连而和与乡村生活节奏相通的地方。战后郊区的社会形态是不同且新颖的——既不是城市也不是乡村,与比核心家庭更大的社区相分离,而且依赖相当程度的资源消耗——土地、水、化石燃料、时间——这会使罗曼洛夫家族(Romanovs)[①]感到难堪。

莱维特在纽约市启动了这一革命,但显然并非巧合的是他们将另外两个大型项目建在了费城郊区。第一处位于

---

① 罗曼洛夫家族是沙皇俄国数百年的统治者。——译者注

城市以北的巴克斯县，另外一处则在赫伯特-甘斯前去的新泽西州（同样并非巧合的是上一章中提到过的托尔兄弟，莱维特最为成功的继任者，也将总部设在了费城的郊区）。

战后对住房的需求真实存在。1950年的统计显示了费城人口的最高峰：2071605人。但是这200万人居住于拥挤的地区，因为自1929年以来就几乎没有新建住宅。65000个费城家庭"凑对"住——两家合住在为一个家庭设计的住房——而登记的租赁与出售房产空置率仅有0.5%~1%。

像很多大都市地区一样，费城经历了一段建筑浪潮。1946~1953年，费城各地大约新建了14万套住宅。有些是在城市内未开发土地上建造的，比如南费城的纵深和城市东北区。但很多也是建在周围的县里，把乡村变成了郊区。

当美国钢铁公司宣布在巴克斯县南部设立它新的费尔利斯钢铁厂（Fairless Works）时，威廉·莱维特决定把他的住宅建设项目带到特拉华河谷地区。1951年12月8日，宾夕法尼亚州莱维顿小镇的住宅开始对外销售。到1953年，55000人住进了大约16000栋莱维特式住宅。

莱维特的设想是他的房屋将被费尔利斯工厂的工人们所购买。这种工厂与郊区之间的亲密联系突出说明了之前讨论过的现象。费城曾是工人阶层——蓝领、提午餐盒的人——能够利用独户住宅的机遇获得中产阶级地位的地方。20世纪开始时这意味着一套联排住宅；到20世纪50年代则意味着在莱维顿小镇或其他类似地方的一幢住宅。

莱维顿小镇也以另一种方式为郊区发展设立了模板。1951年12月8日，一位白人潜在买家告诉销售员他有一位朋友也对购买感兴趣。这位朋友恰巧是一位黑人，销售员则直截了当地回答说莱维顿小镇将是"一个白人社区"。后来的确如此，大部分郊区的新住宅也是这样。

到1957年，莱维顿小镇的55000位居民中没有一位是黑人。同年的8月13日，比尔和黛西·迈耶斯（Bill and Daisy Myers）试图打破莱维顿小镇的肤色禁忌。那天午夜，一群超过200人的队伍扔石头将迈耶斯一家赶回了他们的老房子。迈耶斯一家在秋天继续被各种种族主义者骚扰，直到逮捕和起诉最终让事件平静下来。

那些讨论迈耶斯一家遭遇的莱维顿小镇居民在说出他们的意见时带着让人惊讶的坦诚。从郊区莱维顿小镇通勤到新泽西郊区当服务员的罗伯特·格罗斯（Robert Gross）夫人告诉一位记者，她不想要"黑鬼住在我的小区，而且我也不想让我的孩子们和黑鬼一起上学"。钢铁工人乔治·贝萨姆（George Bessam）断言说他并不是种族主义者："我对有色人种没有任何意见，但我认为他们不应该生活在白人社区。"他提醒记者"很多人从费城和其他地方搬到莱维顿小镇来只有一个原因，远离有色人群"。[22]

迈耶斯一家遭遇的类似版本也发生在不可胜数的在第二次世界大战后搬进白人社区的美国黑人身上。它发生在芝加哥、底特律、圣路易斯和克利夫兰。在战后的北方，种族争斗发生在房地产领域。正如威廉·莱维特自己著名的言论:"我们可以解决住房问题,或者我们也可以努力解决种族问题,但我们无法将它们一起解决。"1953年年初,在诺贝尔奖获得者赛珍珠的带领下,一个活动者的代表团与威廉·莱维特见面商讨住房歧视问题。他退回到用非个人的、因而也是不可控的市场力量来为莱维顿小镇和所有郊区的种族单一辩解:"宾夕法尼亚州的人们有严重的偏见,就像其他地方一样。他们还没有为与黑人为邻做好准备,"他这样告诉赛珍珠和其他人,但继续慷慨地说:"当白人做好了与黑人为邻的准备时,我将第一个为他们敞开我的销售政策。"

威廉·莱维特也许会宣称住房与种族是战后美国两项单独的议题,但乔治·贝萨姆(George Bessam)和他的朋友们意识到这两者之间不可剥离的联系。20世纪三四十年代,来自美国南方的黑人不断迁徙到费城。的确,在这第二个10年里城市的黑人人口激增,而白人人口数量几乎没有变化。当费城人接连经历了经济大萧条和第二次世界大战两次创伤后而终于可以喘一口气时,发现他们的城市已经比以往变得更黑了。许多费城人迫切地感觉到了对新住房的需要,他们也同样强烈地感到对单一种族住宅区的渴望。

很难从作为莱维顿小镇黑人先驱的迈耶斯一家的故事中得到明确结论。他们自己在1961年离开了,而且黛西-迈耶斯坚称是他们对故乡小镇的思念而非种族压力促使他们离开的。莫斯比（Mosby）一家在1958年跟随迈耶斯搬到了莱维顿小镇，但他们的到来并未激发同样程度的公愤和抵制。也许迈耶斯一家已经将白人种族主义者稍纵即逝的愤怒消磨殆尽了。同时，莱维顿小镇在它开放以来的50年内一直顽固地是一个白人社区。在新千年到来之际，不到5%的莱维顿小镇居民是黑人。

迈耶斯一家并不是偶然或无缘无故地进入莱维顿小镇。就像许多20世纪50年代民权运动的行动一样，这一次也是精心策划的。比尔和黛西曾是人群关系委员会的成员（Human Relations Council），一个与全国有色人种协会（NAACP）和美国城市联盟（Urban League）有关联的组织。而且，这次在特拉会河谷地区的事件也与美国公谊服务委员会（AFSC）有联系。

总体而言，贵格会对民权运动的作用很关键——我们知道贝亚·鲁斯汀（Bayard Rustin），一位西切斯特的贵格会员——而且他们在本地同样地积极。1957年，迈耶斯一家入住的同年，美国公谊服务委员会资助了一项针对两个莱维顿小镇存在住房歧视问题的研究。而贵格会成员深度参与了也许是50年代针对混合住宅区最具雄心的实验。

假如说莱维顿小镇的故事基本上广为人知，那么康科德公园小区（Concord Park）的故事则不是。这一点有意思之处在于这两个地方仅相距5英里。康科德公园是贸易联盟主义者和房地产开发商莫里斯·米尔格拉姆（Morris Milgram）与巴克斯县贵格会商人乔治·奥托

（George Otto）的构想。奥托曾经是友谊社会秩序委员会（Friends Social Order Committee）的主席和友谊大会（Friends General Conference）的出纳；米尔格拉姆由于继承父业而进入房地产行业，曾经是民主行动（Democratic Action）和全国有色人种协会（NAACP）费城分部的理事会成员。

1952年，由于对新住宅项目中很明显的歧视感到心烦意乱，米尔格拉姆对自己发誓说除非房子能不论种族的出售，否则他将不再建设任何住房。他自己投身于建造一个新的国际性融合小区，借此说明种族融合的确可能并且还可以利用黑人购买者对郊区住宅的需求。

这一发自良知的决定产生了非常实际的效果。当米尔格拉姆在为康科德公园寻找金融支持时一次又一次地被贷方拒绝。直到1954年，在花了两年时间寻找资金之后，康科德公园的住宅终于开始对外销售。

康科德公园的开发商们意识到仅仅将他们的住宅向多种族的市场开放并不能保证他们想要的种族融合，所以他们制定了一套精心设计的规则：55%的住宅将面向白人推广，45%的面向黑人。当所有住宅都售出后，也就是1957年，康科德公园的居民可以向他们选定的任何人出售房屋。讽刺的是，保持这种种族平衡意味着拒绝许多有能力负担迁往郊区却在当时种族限制性住宅市场上无法购房的黑人买家。

康科德公园是社会工程的一项实验，而且在所有意义上它似乎都是一种伟大的成功,一种对那些坚称(一些人仍这样)居民种族融合会不可避免地导致社会冲突和房产贬值的人的斥责。由于它是如此不寻常的一个项目,很快就有人对其进行研究。宾夕法尼亚大学的一个团队在1957年对居民进行了访谈,并发现75%的白人居民对他们的黑人邻居感到"完全认可",而另有11%的人回应是"基本认可"。

居民也知道他们在参与一项伟大的实验,而许多人对这一体验感到高兴。在2000年的一项访谈中,乔伊斯·哈德利(Joyce Hadley),康科德公园最早的黑人居民之一,带着对这里真诚的喜爱回忆了与一位德国移民邻居的特殊友谊。"这就是康科德公园存在的意义,"她告诉记者,"你理解了每一个单独的个体。"类似地,沃伦-斯瓦兹贝克(Warren Swartzbeck),原居民中最后一位搬走的(他和他的妻子在2000年搬离),回忆搬进康科德公园是"我们为这个国家的痊愈所做的一点点努力"。[23] 这是一个山地上带着车库和车道的和平王国。

然而乌托邦终归破灭。到了2000年,康科德公园的种族构成几乎全部都是黑人,与莱维顿小镇的全白人口形成了鲜明对比。康科德公园采用了其他小区用来阻止黑人进入的限制性手段来保持它的种族均衡。最终两者都不再合法,而最后在黑人买家的需求之下,康科德公园已无法维持它的种族平衡。

战后去往郊区的"白人逃离"是造成费城和美国其他

大城市市区愈加贫穷和黑人化的更广阔去工业化进程中的一部分。美国钢铁公司选择不在城市中，而是在城市以外设立它的新工厂。今天，它也关闭了。我们称作去工业化的经济结构变化，以及随之而来的郊区化，也许不可避免。然而，康科德公园的例子，提醒着我们事情不一定非得这样。如果当初郊区看起来更像康科德公园的话，谁知道我们的国家现在会是什么样子？

下海岸！

坦白地说，这是一个不合文法、难看的短语。然而，对于数百万费城人来说，这个短信却定义了夏天的精髓。

这里的海岸，是费城人宣称为他们自己的、大约从北端长滩岛一直到南端五月岬南泽西海滩的简称。费城人从19世纪早期起就已开始前往此海岸躲避城市的酷暑了。

直到这些度假者到来之前，人类对泽西海岸只进行了轻度的利用。从考古学发现我们可以推断的年代起，北美印第安人——勒那皮（Lenapi）部落——包括后来的欧洲人，季节性地前来此地，主要是为了捕鱼和牡蛎。泽西海岸也没有发展出新英格兰地区在18世纪和19世纪成长起来的海洋经济和海洋文化。不像马萨诸塞州的格洛斯特（Gloucester），泽西海岸没有大型渔业城市，也没有类似南塔基特（Nantucket）或新贝德福德（New Bedford）的强大捕鲸海港。新泽西州甚至很少有人唱过水手小调，或做过贝壳雕刻。[24]

或许，北美印第安人未在此处建立长久居住点的一个原因在于覆盖南泽西地区特殊的生态系统：松树荒地（The Pine Barrens）。这是大约从五月岬延伸到阿斯伯里帕克（Asbury Park）、1000 平方英里的大片区域。这片荒地由平坦、多沙的土壤组成，被小而缓慢的河流穿过，散布着泥潭和沼泽，或者被松树林所覆盖。

由于土壤贫瘠，早期的欧洲殖民者将此地称为荒地。看这里的树木就可以知道这一点。荒地大部分是被矮树丛覆盖着，这些树在别处可能可以长到 40 英尺而且极少低于 10 英尺。至少对半游牧人和早期农民而言，这不是我们所说的资源丰富的环境，与其西北方向的环境不能相比，这可能解释了为何北美印第安人只在海岸作短暂的停留。

但是，从其他角度来说松树荒地则是饶有趣味。就生态而言，中大西洋沿岸几乎没有其他与之类似的地方。与之最近的同类也许要数卡罗莱纳州沿海的松树林了，但这只会引发新的问题：一片本该在卡罗来纳州的松树林为何出现在几百英里以北的地方。这片荒地依然存在着即是它不适宜生存的证据。它在当时美国人口密度最高的一个州占据了一片面积大约是约塞米蒂国家公园（Yosemite National Park）大小的土地。正如作家约翰·麦克菲（John McPhee）在他 20 世纪 60 年代中期访问松树荒地时所指出的，如果你在地图上画一条从波士顿到里士满的直线——美国城市化程度最高点的区域——那么松树荒地正好就在中间。[25]

在一个郊区化盛行的州，就像玩笑里所说，这儿的生活是围绕着路边商业区和高速公路出口组织起来的，它们神秘、诡异，甚至有些灵异。现在松树荒地周围发展起来的人居环境看起来几乎完全一样，与它自己以及美国其他地方郊区都一样。但的确没有像松树荒地这样的自然景观了，咖啡色的河流，沾染着雪松渗出的丹宁酸。

因此，要到达沙滩就意味着需要横穿整片荒地。费城人在内战以前就开始这样做了，但"下海岸"的历史是在铁路建好以后才真正开始的。第一条从肯顿（因而实际上是从费城）到海岸的铁路从1854年开始运营。一年后一座连接阿布西肯（Absecon）和附近堰洲岛以及大西洋城（Atlantic City）的桥梁建成。到19世纪后期，绝大部分的海岸地区都可以由火车抵达；截止到1880年三家不同的公司运营着从费城到大西洋城的铁路，而到1894年通往五月岬的铁路由两家公司管理。在铁路之前，从费城到海岸需要花两天时间；之后，只需几个小时。正如沃尔特－惠特曼在1878年从肯顿到大西洋城所观察到的，"这整条线路……已经真正地形成铁路并开放了"。[26]

大部分泽西海岸沿岸的避暑城市建立于铁路时代，从大西洋城到五月岬，他们之间还有大洋城（Ocean City）（1879年）、海岛城（Sea Isle city）（1880年）、阿瓦郎（Avalon）（1887年），以及怀尔德伍德（Wildwood）（1890年）。这些度假城市中大部分都是从酒店聚集地发展而来，规模有大有小。最初，前往海岸意味着要在一座酒店里入住。但大量往返的火车甚至使一日游变为可能。1884年，《伍德伯里宪法》写着："历史上新泽西的海岸从来没有像今天这样易于到达……每周有9列快速火车从费城开出，周六增开两列，周日增开4列……这样的设施使得每个阶层的人都能够去海边旅行"。[27]

这最后一句话也许有些热情洋溢的夸张。我们并不清楚费城的穷人、新搬来的移民和其他贫困的人是否也能在1884年到海岸边度假。但是《宪法》的确表明泽西海岸是一个中产阶级的休闲度假区。不像新英格兰的海岸，有着类似纽波特（Newport）这样的富翁专属后院和像肯纳邦克波特（Kennebunkport）这样的贵族领地，也不像后来为纽约富人们发展起来的汉普顿村庄，泽西海岸肯定是定义费城"一大片连绵的中产阶级"里的一部分。

19世纪后期当他们来到海岸时，这些中产阶级将城市中令他们苦恼的焦虑也带了过来。人们在夏天来到海边以让自己凉快下来。这一显而易见的事实反过来却产生了一个维多利亚时代的礼仪问题。怎么样让自己或多或少地有衣物包裹着在大海里游泳？大西洋城一条颁布于1878年的法令禁止了"在海浪中游泳……除非当事人有足够多的衣服遮蔽以防止不妥当的身体暴露"。对于绝大部分人而言，这条法令也许是多余的。在19世纪后期，我估计大部分中产阶级游泳者无论如何也会穿着"得体"——宽松的羊毛裤和法兰绒外套从脖子遮到脚踝。当然，泳衣的样式随着中产阶级对公共场合得体的理解变化而改变，费城人在海边的穿着也是这种变化的一个很好的体现。直到1935年,仍有25个男人由于他们的泳装不带上衣而因"半裸"游泳在大西洋城被罚款。[28]

如果说亨利·路易斯·门肯(H. L. Mencken)曾经将清教徒定义为一个对别人可能在某处享乐而感到病态恐惧的人,那么费城的卫理公会派成员则致力于保证至少在泽西海岸度假者不能享受太多。大洋城最开始就是从三名卫理公会派传教士建立的一个节欲据点发展而来。1880年代它发展迅速,由许多小农舍和一座供人们聚会的大会堂构成。当百货商店大亨约翰·沃纳梅克(John Wanamaker)在此地建立起另一座卫理公会教的隐修所时,五月岬从五月角大区中分离了出来。在这些地方,安息日的教规被严格执行,以至于星期天是禁止在大海中游泳的,禁止的还有打牌、喝酒、跳舞以及其他可疑的娱乐活动。

然而这些海岸道德和操守的卫士们也意识到了紧绷在他们夏季休闲地之上的压力。费城人,即便是合格的卫理公会派成员,也正为了逃离城市而来到海边,做他们在城市里不可能做的事情。海岸北端格罗夫海(Ocean Grove)的卫理公会派神父通过了一条提醒度假者的法令,"所有值得尊敬的人们……(应当)极力反对在他们的城市老家或其他地方被视为不道德的、在沙滩上无礼地暴露性别特征的行为"。[29] 可这样条法令只不过进一步证明了海岸的魅力。

图16　对于最早来到海岸边的游客来说，五月岬看起来像这个样子。
费城图书馆公司供图

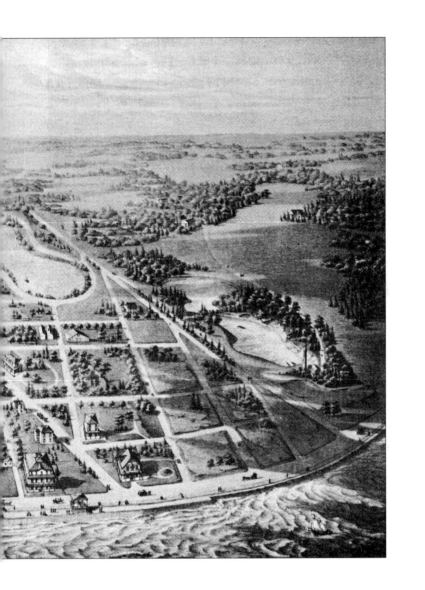

宗教性的聚会度假点与五月岬尤其是大西洋城这样明显世俗的景点形成对比——实际上是对立。后者发展成了一个沿海的微型城市中心，充斥着烦扰维多利亚时期道德卫士和宗教人士的各种城市恶习和粗俗行为。他们一定会被遍布的酒吧和沙龙所惊吓，更会震惊于卖淫和普遍的性滥交。

实际上，即便大西洋城是第一个也是最重要的城市休闲和娱乐活动的中心，其他海岸城市同样也演变成了以康尼岛（Coney Island）为代表的中心。沿着大西洋城海岸线上最早也是最好的海滨木板人行道漫步，每一天都像是周末。游乐园的娱乐设施、戏剧和电影演出、商场的游戏机——所有这些都是 20 世纪头 25 年城市生活的重要写照。它们不仅在美国城市中常见，而且依据大卫·纳沙（David Nasaw）的观点，它们也是工人阶层和中产阶级相遇并分享共同文化体验的场所。[30] 因此，费城人在大西洋城发现了他们在自己的城市中已经拥有的东西，而这里只会更多。这里是所有这些，再加上大海。

由于在 20 世纪早期大西洋城是美国人想象中中产阶级休闲小镇的理想典范，它被选中来举办一年一度美国模范女性的评选：美国小姐选美大赛。这一比赛虽然有些虚荣，但至少在它的鼎盛时期，结合了沙滩上的性感——漂亮女人穿着露体泳装——与女性温柔持家的中产阶级美德。以此种方式，大西洋城成了展示美国中产阶级理想生活的窗口，而美国小姐选美大赛则成了费城都市区塑造中

图 17　费城都市区的中产阶级在海边重新创造了它们的生活。在怀尔德伍德，他们下榻在类似贝尔艾尔（Bel Air）这样极好的汽车旅馆中，后者以"嘟．喔普（doo-wop）"建筑风格建造。图片由科克·海斯汀（Kirk Hastings）、怀尔德伍德·克莱斯特历史协会（Wildwood Crest Historical Society）提供

产阶级文化内涵的又一种方式。

　　汽车时代的来临通过不同方式改造了泽西海岸。最重要的是，它大大增加了度假人数。在阵亡将士纪念日和美国劳动节之间，整个大费城地区最为繁忙的交通就是从费城到海岸的线路。而这也给从费城出发的铁路服务画上了句号，仅有大西洋城和费城仍有铁路连接。这一变化同样终结了大型休闲酒店的时代，它们被新一代更经济的汽车旅馆所替代，只剩少数几处经典酒店仍留存在海边。它们中最好的，至少在鉴赏家们看来，位于怀尔德伍德。

假如说大西洋城代表了一个为坐火车前来度假者修建的微型城市中心,那么设计成能让人们沿海岸线驾车的怀尔德伍德则是汽车时代度假小镇的突出代表。除了宽阔的沙滩、木板人行道和游乐园设施之外,怀尔德伍德还沿着海岸发展了一条海上游轮线路和游轮观光文化。怀尔德伍德的舞厅和得来速商店,成了20世纪五六十年代蓬勃发展的青年文化主要集中地。夜深之后,人们住进许多汽车旅馆中的一间,这些旅馆每个季节都更新它们的塑料棕榈树作为装饰,并想尽各种办法努力以光鲜亮丽的形象超过竞争对手。

到了70年代,当费城人开始驾驶汽车前往海岸时,也就有越来越多的人去郊区度假了。他们到达海岸时希望能住在和费城差不多的单栋家庭住宅里。这种房产中有许多是对外租赁的,租期从一周到一个月不等。但同时也有越来越多的费城人在海边投资他们自己的住宅(或者公寓)。因此,海岸地区全年居民人数的迅速增多并不令人感到意外。海岸近期的故事,因此也就成了单户家庭房地产发展的故事。

为了满足居住地产的需求,大片老海岸被开发,剩下的还常常受到威胁。甚至在怀尔德伍德,公寓房正在取代那些无与伦比的汽车旅馆。在大费城地区,拆除怀尔德伍德的汽车旅馆也激起了一股历史保护运动。他们称这些汽车旅馆为海边的"嘟·喔普"建筑,目标是挽救20世纪五六十年代的遗产。

直言不讳地说:在汽车时代,泽西海岸正如费城都市区其他地方一样,也经历了城市扩张。当然,它们之间的差异在于：一般的郊区扩张发生在任何有足够土地和道路的地方，而海岸边的扩张则要受到海边可用土地的局限。我们所认为的泽西海岸实际上是一连串被水湾、河湾和湿地与大陆分隔开的"群岛"。讽刺的是，尽管费城人曾经是为了逃离拥挤、闷热的费城夏天而来到海岸，如今许多人却在比他们逃离的城市人口密度更高的地方度假。

这个"群岛"是星球上最脆弱的生态系统之一。泽西海岸的生态系统无疑已经被过度开发。虽然费城海岸两端都与优美的州立公园接壤——五月岬和沙滩岛公园——但它们中间的地区却非常拥挤。由于中产阶级风潮，尤其是自有住房理念的盛行对泽西海岸的影响，环境保护在这里的进展比其他地方都慢。鳕鱼角（Cape Cod）拥有受国家保护的海岸，五月岬却没有。

海岸"郊区"的兴盛对应着海岸地区曾经最为耀眼夺目的景点和它唯一一处城市中心的衰落：大西洋城。到了70年代，尽管其他的沿海城市繁荣起来，大西洋城却成了破旧的同义词。游客不再前来之后，木板人行道两侧的酒店甚至也被空置起来。新开的赌场承诺将消除大西洋城的困扰，但只有最乐观的赌场托儿才会说这座城市从中获益匪浅。木板人行道现在与赌场晃眼的灯光共同闪烁，但即便是离沙滩几个街区之外，这座城市仍然是一片寂静。现在确实有不少人来大西洋城赌博，他们宁愿一直待在不通风、少窗户的赌博大厅里，仅仅呼吸他们身体必须的一点点海上空气。

与此同时,沿海中小城镇在某些方面与费城变得更像。有些家庭在一个地方居住很多年。他们希望每年能遇到相同的人,孩子们在沙滩上一同成长。在海边,人们仍然吃着潜艇三明治,抱怨着费城,并阅读《每日消息》。在海边,中产阶级的费城人每个夏天都会来度假。不论好坏,他们明显重造了他们所离开的那个世界。

这些追求健康和娱乐的先驱者们向泽西海岸进军,大约在同一时期,也有些向北到达了现在的波科诺山区去寻找健康的空气和室外的娱乐。将它称作山区,显然有些夸张。基本上是大型山丘,它平缓而不崎岖,如画但不夸张。波科诺山少有壮阔之景,却多迷人和美好的风光。

从地质角度上来说,波科诺山(Poconos)是阿巴拉契亚山脉(Appalachians)的最北端,由两条山系组成:蓝山(基塔廷尼山)[the Blue(Kittatinny)]和波科诺山主体。这片多山的高原包括蒙诺县(Monroe County)的大部分和派克(Pike)、拉克瓦纳(Lackawanna)、韦恩(Wayne)、卡本(Carbon)以及路泽恩(Luzerne)这些县的一部分。总体上而言,波科诺山分布在斯克兰顿(Scranton)以南、阿伦敦(Allentown)以北、特拉华河以西的区域。它山系古老,在寒武纪时期形成,拥有美国最悠久的一些地质构造,其圆形的轮廓是千百万年来风化和侵蚀的结果。

波科诺山的人类活动历史几乎与北美大陆的同样久远。它的名字源自北美印第安人的词汇。人数不多的欧洲殖民者也在18世纪开始来到这里。这些先驱者们基本上

图18a

图18a和图18b 一些最早前往波科诺山区的费城人踏上了特拉华峡谷的摄影之旅。费城图书馆公司供图

包括设陷阱者、猎人、伐木工人，以及努力在单薄、多石的土壤中开垦出生存希望的自给自足的农民。虽然农业开发的边界一直从宾夕法尼亚州向西延伸至俄亥俄州和印第安纳州，那些18世纪和19世纪早期往北进入波科诺山的人们发现他们自己面对农作物生产上的不利环境。

但是到了1820年，这个偏僻区域厚实的木材和满是鲑鱼的溪流开始吸引费城的度假者们——那些寄宿在围绕

图 18b

特拉华河峡谷居住的同伴家中的贵格会成员。20 年之内，几座酒店和小屋已经建成并在夏季向游客开放。这些内战时期前的探险无疑是相当艰难的。甚至在那个年代，仅到达波科诺山就需要马车拉着在不平坦的山路上跋涉两天。

自然只不过是一种抽象。认为世上存在纯净的、不受任何人类活动干扰的荒野的想法，只是我们对这种地方的渴望所衍生出来的臆想。正如历史学家威廉－克罗农所述，荒野"显然是一种人为的创造——确实，这是人类在历史上特定时刻创造出的特定文化……当我们注视着镜子时，它展示出我们的样子,但我们太轻易地以为我们所看到的就是自然,然而实际上我们看到的只是自己的渴望和欲望"。[31]

美国内战结束后,当铁路使得大量的城市人口——费城人和纽约人——能够逃离城市中劳苦的工作,前往以波科诺山为代表的返璞归真大自然中时,波科诺山迎来了它的快速发展。因此,波科诺山应当被理解成19世纪下半叶兴起的城市系统的一部分。城市带来的科技首先使得这片区域方便到达——两天的马车行程被仅仅数小时、更为舒适的火车之旅替代。城市带来的资金建造了酒店和乡间小舍,并支撑起这里快速发展的旅游经济。城市来的人填满了这些酒店和小舍,随之也带来了他们特定的偏见、行为习惯,以及对波科诺山休假能够救赎城市文明种种顽疾的希望。

他们来到的是一个已熟知工业经济并正位于它边缘的地区。木材公司铲平了它原本的森林。19世纪中叶,波科诺山支撑着依靠铁杉树分泌丹宁酸的皮革工业。然而皮革工业的存在时间与这些树一样,只维持到了1890年。同病相怜的还有小型鞋厂和晒衣夹工厂。到19世纪晚期,当费城人来找寻大自然时,许多山丘已经完全裸露,这片地区正受困于严重的水土流失所带来的破坏。

同样,石片和石板曾经被从波科诺山运往城市中心用作铺路和其他用途,前提是它们还有储量,但这也并没有持续太久。在这个意义上,波科诺山的经济与许多19世纪偏远地区的经济类似,不论是密歇根州或威斯康星州的北方森林还是西部的采矿地区。它几乎完全依赖于采矿工业，经历了繁荣和衰退，但当繁荣结束时，积累起来的财富却离开了这里，只留下贫穷和困苦。

不像泽西海岸当度假者们刚开始到达时鲜有人类活动，费城人在波科诺山区发现的自然之美背后隐藏着一批本地的贫困人群。他们的后代在今天也不难找到。有时游客和本地居民的相遇会引发矛盾和怨恨；但大部分时候，这里的贫穷是多数游客所忽略的环境因素。

宾夕法尼亚铁路是为波科诺山区带来费城游客的主要方式，而伊利 - 拉克瓦纳铁路线（Erie-Lackawanna）则带来了纽约的游客。实际上，拉克瓦纳地区将推广波科诺山区旅游作为为开往宾夕法尼亚州西部无烟煤矿区的空置列车提供乘客的方式。尽管景区从两座城市都吸引客源，波科诺山基本上被视为是属于费城人的——费城的电台播放波科诺山区的天气预报，而纽约的电台则没有。而且这一地区也发展出了一个更亲近费城的文化，比完全属于纽约的喧闹的卡茨基尔山更稳重、有所保留，或许也更生硬和沉闷。

波科诺山区含蓄的自然风景看起来正适合费城人的低调。这一地区的确也吸引过社会名流，尤其在 19 世纪后期和 20 世纪早期，哈里森总统、克利夫兰总统、罗斯福总统和柯立芝总统都曾来此地钓鱼。但是基本上，根据劳伦斯 - 斯奎里（Lawrence Squeri）的说法，波科诺山区一直远离公众视线并像费城本身一样，更愿意作为一处内幕人士的秘密会所。[32]

也许这更多地代表了贵格会的影响。毕竟贵格会成员是最先到达这里的度假者之一,而且他们甚至通过为希克斯派(Hicksite)和正友派(Orthodox Friends)的成员分别建立休闲度假地的方式强化了他们之间的分歧。1901年,希克斯派在巴克山(Buck Hill)开设了客栈(the Inn),斯奎里说它"散发着贵格会的谦逊",至少最初时是这样。[33] 它刚开业时还没有私人浴室,没有通电,有些员工还睡在吊床上。然而到第一次世界大战时,它已成为波科诺山区最受欢迎的度假酒店了。巴克山客栈本身被125个私人别墅所包围,现在又有了便利的电力、长途电话和冬天的暖气。正友派不甘落后,在1902年开办了波科诺庄园,同样大获成功。在希克斯和正友派1955年正式结束分裂之前的半个世纪,神学争论发生在巴克山瀑布(Buck Hill Falls)以及波科诺庄园的网球、保龄球和高尔夫球比赛上。这些贵格会的运动会在20世纪20年代吸引了如此多的观众,以至于主办方不得不提供冷餐。[34]

不论是否归属于贵格会,许多波科诺山区的休闲度假酒店在经济大萧条之前的高峰时期,将自己宣传为家庭式的,一个非常保守的中产阶级式的词汇。很多酒店保持着纯洁无瑕的形象,即便他们的经营者从未在波科诺山县颁布过禁令。报纸媒体常常将波科诺山区的纯真美德拿来与大西洋城盛行的粗俗恶习相对比。[35]

有趣的是,当波科诺山需要改造以适应汽车时代时,它成为美国的蜜月之都。很多围绕火车站建造的大酒店都没能挺过20世纪30年代,而后取而代之的酒店则瞄准了战后的结婚潮。到了1959年,《纽约时报》报道波科诺山区已经成为与尼亚加拉大瀑布争夺新人蜜月度假地的竞争对手。正是在这一阶段,美国人知道了波科诺山区。它是蜜月天堂这类酒店的集中地,艳而不俗,可以让新人们在心形浴缸里悠然相依。

尽管在同样的地方,费城人曾经带着全家一起住在家庭套房中享受山上的微风,但是到了20世纪七八十年代,来到这里的情侣们却在考夫黑文酒店(Cove Haven)香槟酒杯形状的浴缸中嬉戏。当然,这种休闲景点的变化仅仅是中产阶级文化转变的反映。当费城的中产阶级刚开始来波科诺山区度假时,他们通过度假来彰显一系列维多利亚时代的品位。而战后,中产阶级的身份再也不需要维持这种居家与得体的形象,至少不是任何时候都需要。

在一个中产阶级家庭假期愈来愈多地在主题游乐公园和其他提前安排好的娱乐活动中度过的时代,在越来越多的中产阶级美国人成为各种色情出版物消费者的时代,我们并不清楚波科诺山区如何才能继续作为"宾夕法尼亚州度假胜地"而存在下去。或许,心形的浴缸不再像当年那样令人心动了吧。

第二次世界大战后的住房危机形成了一股逃离城市的"推力",但是郊区的魅力同样造成了一股相当的"拉力"。绿树、静谧和更多的空间吸引了很多人,一个安全、有保护和独立的环境同样也如此。在这方面,费城都市区与纽约、克利夫兰或者芝加哥的经历并无不同。在战后的年代,

图19 为这个香槟酒杯而来。图片来自恺撒度假村宣传册

费城继续对中产阶级品位的形成发挥着影响。当电视取代了收音机成为家庭娱乐的中心时，美国人通过沃尔特·安纳伯格（Walter Annenberg）在费城出版的《电视指南》，以了解节目信息。[36] 每周，孩子们也许都想听西费城一家专注于最新青少年音乐或舞蹈的电台所播放的迪克·克拉克（Dick Clark）美国露天音乐会。他们也许迷上了南费城本地的歌手查比·恰克（Chubby Checker）。或者他们感觉坐得太久了，可能会围着电视坐下、卷起箔纸，享受一份提前冷冻好的电视晚餐。这是坎贝尔公司的员工、阿德莫尔的盖瑞·托马斯（Gerry Thomas）在1955年的发明。鉴于他创造性的工作对这个国家饮食习惯的改变，托马斯在1998年入选了速冻食品行业名人堂（Frozen

特拉华河谷与中产阶级　　　　　　　　　　　{ 169 }

Food Industry Hall of Fame）。

然而，20世纪中叶郊区里中产阶级的普遍存在以及其价值观的广泛认同，也意味着大费城地区不再对中产阶级文化的形成有着像之前那样重要的作用。今天我们都成为中产阶级，因此我们的源头可以说是能回溯到特拉华河谷。

郊区的美好期望被证明是一片幻觉。开始兴起后的五十年，郊区居民再次遇到了他们曾极力避免的城市问题——令人窒息的交通堵塞、绿地空间的消失、增长的税赋和虚有其表的公用服务。费城周围郊区县老购物中心的空置率急剧上升，而贫困率也节节攀升——20世纪90年代蒙哥马利县的贫困率甚至一度高达48%。此外，再也没有人可以保证郊区不会受到毒品和暴力的侵袭。许多郊区尤其是那些靠近市中心的，衰败得相当厉害。

对于内核郊区衰败的反应是将建设移到更远的外围地区。在此意义上，郊区扩张可以被理解成一场对永远无法实现的梦想的无尽追寻。伊甸园的梦想只能在没有人侵蚀的情况下才能延续，但事实往往相反。

我们现在都是中产阶级，但真的这么简单？战后的中产阶级离开了，从城市或者更宽泛地说从公民生活中离开了。这个诞生和塑造了中产阶级的地区的未来取决于中产阶级是否会停止它的离开，在物质层面上停止向城市不断蔓延的远郊的搬离，以及在社会意义上停止对城市曾经象征的公民生活的逃避。

的确，这个国家的未来取决于此。

第 4 章

穿城而过的两条河

1789 年,神父杜谢博士(Reverend Dr. Duche),一名来到新诞生的美国的英格兰访问者,坐在他的窗前,为《美国博物馆》的读者写下了"对费城的描述"。他的目光越过"壮观的特拉华河",望向"对岸新泽西的树林……包裹在它们明亮的翠绿里,"看到"令人愉悦的休憩和新鲜感……从如镜水面中闪过之后"。尽管这位优秀的牧师发现这座城市仅仅从特拉华河岸向内绵延约半英里,他还是告诉他的读者这座城市有一天将会一直延伸到"美丽的斯库尔基尔河"。

两个世纪之后,我怀疑即便是费城最为热烈的赞美者,也不会从对特拉华河和斯库尔基尔河的颂扬开始对这个地区的介绍。当然,特拉华河岸新泽西一侧"明亮的翠绿"也早已远去。

一般而言,人们不认为费城是一座河流之城——圣路易斯是、新奥尔良是、甚至辛辛那提也可能算是。但是,特拉华河的确为这个区域十九世纪的经济发展带来活力。

当杜谢博士从他的窗户观察这条壮阔的特拉华河时，他惊呼"工厂的声音在河边永不停歇地回响；我视野之内的每一处码头都被桅杆团团簇拥，装满了从全球各地运来的各种商品"。

杜谢博士的短文也提醒着我们这两条河流在塑造整个区域中至关重要的作用。这两条河流在殖民地初创时期就是故事的主角。威廉-佩恩横跨了大西洋，浮舟进入特拉华海湾并尝试性地逆流而上。他先后考察了今天的纽卡斯尔和切斯特所在的位置作为费城的地点，但都不合适。他的测绘员托马斯·霍姆（Thomas Holme）继续向前，并发现了两河之间开阔、平坦的平原。佩恩的乌托邦试验终于找到了合适的场地。

尽管特拉华河更大，而且已被当作潜在的重要水道而闻名，但其实两条河流都是可以通航的。佩恩在两河之间布下城市的网格，设想的不仅是一座港口城市，而且是一座双港城市，每条河流上都有一座港口，而城市从两边河岸向中心相向发展。

然而，事实并非如此。正如杜谢博士所强调的，这座城市本身以及与它紧密相连的区域经济体系，在它第一个百年和稍后基本上是依赖于特拉华河。当城市的发展在19世纪中期向斯库尔基尔河靠近时，船舶和码头的时代已经逐渐退去，被铁路和工厂的时代所代替。

因此，这一章的目的是关注这两条河流——或者更恰当地说，两条河的流域——是如何塑造这一区域的。在此地 300 多年的欧洲移民历史中，这两条河流成了分割和联系整个区域的线索。今天我们或许不太会去想这些河流——不像波士顿人想起他们的海港，或芝加哥人想起他们的湖岸那样——但只要特拉华河谷地区的人们还在思考着地区的未来，我们就应当去想想。

* * *

让我们从客观事实开始吧。它们大体上说是悠闲的两条河流，没有太多蜿蜒迂回，不像科罗拉多河或俄国的河流那样具有不断起伏的戏剧性。在温暖的月份里，费城人会驾驶大的充气轮胎而不是皮划艇，沿着特拉华河进行"轮胎漂流"。

这也是说明两条河流航道水流并不湍急的另一种方式。特拉华河发源于两条上游河流——一东一西，都源自纽约州。这两条河汇聚在纽约州的汉考克，从这里往南就是名副其实的特拉华河了。一路上它沿途穿过了一处相当壮观的自然风景：特拉华河谷。它大部分的河段是新泽西州和宾夕法尼亚州的分界线，而峡谷中的河流则从基塔廷尼山（Kittatinny）中，新泽西一侧叫作明西山（Mount Minsi）而宾州一侧叫作坦慕尼山（Mount Tammany），划开一道峡谷。峡谷大约有 2 英里长，两侧的悬崖有约 1200 英尺高。1965 年，联邦政府将峡谷地区设立为国家级的休闲旅游区，现在包括大约 35 英里长的河段和周边 72 英亩的区域。东西两条源流在汉考克交汇后大约 300

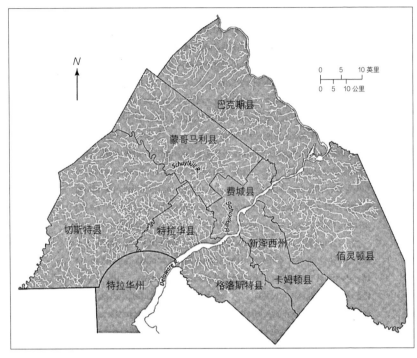

图20 除去公路和人类聚居点之后的大费城地区地图展示了该区域两条河流的主干特征。数据来自《费城问询报》

英里,特拉华河流入特拉华海湾。

特拉华河流全程拥有超过 200 条支流,其中比较重要的几条包括利哈伊河(Lehigh)、内弗辛克河(Neversink)和莫里斯河(Maurice)。特拉华河水系总共流经大约 13000 平方英里的土地。尽管途中也许没有太多的惊涛骇浪,这 300 英里却是密西西比河以东最长的未被大坝拦截的河流。考虑到特拉华河地区拥有一些全国人口密度最高的区域,这一事实更令人印象深刻。

当然，斯库尔基尔河是特拉华河最大的支流。它汇入特拉华河的地方标志着费城的南部边界。它也有两个源头，也是一东一西。东边的那一条更大，发源于塔莫奎（Tamaqua）镇的一系列泉水。两条源流在斯库尔基尔港交汇，从这里到南费城的旅程长约125英里，其中大部分是东南方向，进入市区后转而几乎完全向南。斯库尔基尔河水系加起来共覆盖超过2100平方英里的土地，虽比不上特拉华河，但比起其他支流仍然很大。

当然，这些河流并不仅是因为它们自身而让我们感兴趣，而是它们与人类活动的关系，而且这两条河流上有人类活动的历史与新大陆有人类出现的时间一样悠久。考古学家们告诉我们古印第安人（Paleo-Indians）早在公元前8000年就已经在利用这些河流了，主要是作为食物来源。他们在历史上的继承者，勒那皮人（Lenape），在夏季繁育时节跟随西鲱鱼前往上游。显然，新泽西的美丽景色并不是佩恩在特拉华河岸与勒那皮人签署协议的原因。不论对北美印第安人还是欧洲移民而言，特拉华河对他们的生活都至关重要。

特拉华河以及它的船坞、码头和集聚在河岸边的仓库，为费城人提供了与世界其他地方的联系。往来于港口的船只将费城和东部沿海地区、加勒比海地区、欧洲以及最终和印度与中国连接起来。1784年，奔赴各地的船只驶离费城，帮助打破大不列颠东印度公司对海上贸易的垄断。正如一位殖民地时期的作家所写："在这个弹丸之地，任何资源都是主要商品……小麦、黑麦、燕麦……木材、桅杆、焦油、板材、房屋框架、隔板等。"这真是一个奇迹，"在这么小的空间里，野地竟也成了商人们的市场"。[1]

18世纪的船只能够一直逆流而上抵达特伦顿的瀑布地区。但在18~19世纪兴起的特拉华河港口中，没有一个与费城形成竞争，在特拉华河沿岸费城与肯顿和特伦顿之间也没有形成任何城市。

尽管斯库尔基尔河更小，对于18世纪和19世纪区域的聚居点而言，它却被证明更为重要。从城市向上游进发，到1825年时马拉杨克（Manayunk）——勒那皮人对此地称呼的大致音译——已经是一处繁忙的据点；继续深入内地，诺里斯敦最终成了坐镇蒙哥马利县的中心；继续向上，威廉·佩恩的两个儿子理查德（Richard）和托马斯（Thomas）在1748年建立了雷丁。乔治·华盛顿虽然是度过特拉华河对英军发起的突袭，但他是在福吉谷度过的冬天，就在斯库尔基尔河的岸边。

这背后的原因在于尽管特拉华河是地区中最大的水路通道，更小也更容易控制的斯库尔基尔河却容易被人类加以利用。这条河流的能量通过多种形式被人们加以开发——大坝、水闸、航道和引水槽。正是在这种对河流的改造开发中，斯库尔基尔河谷在19世纪第二个25年中形成了美国最早的工业景观之一。

诺里斯敦利用水资源成为面粉生产中心——19世纪30年代的面粉产量达到40000桶一年。斯库尔基尔河支流沿岸的面粉磨坊水槽为霍普韦尔（Hopewell）的熔炉提供动力，后者从1771年开始生产钢铁直到1883年。坐落于蒙哥马利县下梅里恩镇（Lower Merion Township）米尔克里克（Mill Creek）的多个磨坊周边，许多从事磨面、锯木和敲打纸浆的作坊使得这一个2英里长的地区变成一个由水力支撑的工业园区。在马拉杨克，河水为快速发展的纺织工业提供动力。到1828年，这座城市对外号称有超过100家运转中的磨坊和将近10000人在纺织工业中就业。大部分的生产就位于马拉杨克。水力开启了这个地区从农业贸易中心向制造业之都的转变。

然而更重要的是运河建设，这代表了美国内战以前人类对此地区水资源所做的最为重要的改造。费城从18世纪后期就开始关注运河项目。早在1767年就有人提出修建一条连通特拉华河与切萨皮克湾（Chesapeake）的运河；美国革命后罗伯特·莫里斯（Robert Morris）希望能够接通特拉华河与斯库尔基尔河，却苦于找不到足够的资金。戴维·里滕豪斯（David Rittenhouse）曾经两度考察测评连通特拉华河和萨斯奎哈纳河（Susquehanna）的可行性，但直到1796年这个项目也没能完成规划阶段。

直到19世纪早期，费城人像其他地方的人一样才真正开始投入到运河开凿中去。从1815年到1835年，全国而言这次运河建设风潮仅维持了短短20年。这期间大约从平地上开凿出3000英里长的运河，充满河水，由水闸控制，并沿着分层的拉船路导航。

穿城而过的两条河

图21 运河交通为斯库尔基尔河带来了繁荣,并将费城与其内陆地区联系起来。费城图书馆公司供图

费城对斯库尔基尔河的运河建设始于斯库尔基尔航运公司的建立。1818年,这条运河的第一段在马拉杨克开放,1819年这里第一座水磨坊开放。通过运河而来的水流让马拉杨克的工业革命成为可能。

主要是在费城人的催促下,宾夕法尼亚州很大程度上是在一阵恐慌中启动了运河项目。在1812年战争结束之后,人们愈加明显和失望地发现费城正在丧失作为内地农产品转运中心的首要地位。举例而言,到1820年费城在面粉出口量上已经落后于巴尔的摩了。到1825年,它又被纽约所超过。随着农业生产地域的不断西进,能将费城的水网一直连接到伊利湖的运河被视为费城与纽约和巴尔的摩竞争的唯一方式。宾夕法尼亚州内部提升促进协会在向州立法机构提出开始挖掘运河的请求时，给出了一份紧急通告："西方贸易的很大一部分正在从这座城市撤离，而现在所有的努力估计都不够弥补我们已经失去的。我们的努力面对着更为严峻的情况。我们必须保住剩下的"。[2]

1825年，斯库尔基尔河运河基本完工，第一条航运交通也开始运转。运河驳船如今可以在一端的马拉杨克和另一端紧靠雷丁的一个小镇之间运载货物。这个小镇就是卡本港（Port Carbon），而它的名字正好暗示了大费城地区和其自然资源之间的关系所发生的巨大改变。尽管特拉华河和斯库尔基尔河的运河系统被设计为保证内地农产品继续运往城市的手段。煤炭，而不是谷物，成了乡村向城市出口中最为重要的商品。

假如说费城都市区的第一次繁荣归功于它肥沃的土壤和适宜的种植环境，那么它的复兴则是由于硬煤（无烟煤）。这些资源在斯库尔基尔河上游地区的地表下有着大量的储备。

软煤（烟煤）作为一种能源已被人所知晓一段时间了。它易燃、烧得快且低效。直到1815年，费城人约西亚·怀特（Josiah White）发现了如何点燃并使用无烟煤。他进行了一系列昂贵的实验来尝试燃烧无烟煤，却全都失败了。后来偶然地，他的工人们将一串"黑石头"扔进了一座火炉并厌恶地关上了门。当他们中的一个回来取他的外套时，他发现了熊熊燃烧的大火，而火炉本身也已烧得通红。于是工人们"用这一把火分别炼了三批钢铁"。[3] 从此，无烟煤的时代到来了。

1820年，宾夕法尼亚州无烟煤田共出产365吨煤，通过利哈伊河初到费城；1823年首次从卡本港运出，赶在运河完工之前。到1825年，一份同时代的报道称煤炭贸易"飞速增加；对于煤炭的需求，目前而言已大大超出了矿区出发的交通运输能力"。[4] 在运营的第一年，斯库尔基尔运河运输了32000吨货物，其中一半都是无烟煤。到1840年，658000吨货物通过运河，其中超过450000吨是从斯库尔基尔县的煤炭矿区运出的。

煤炭同样也遍布特拉华河的运河系统。完工于1829年的利哈伊运河，1832年的莫里斯（Morris）运河，以及1833年的特拉华运河在伊斯顿（Easton）镇交汇。因为这些运河，伊斯顿成为一座港口，虽然此前在此建立港口没有任何意义。而以上三个案例中，都是煤炭生意的前景推动了运河的建设。

石炭纪使宾夕法尼亚州受益不浅。在大约35400万年前到29000万年前的6500万年间，多到不可想象的有机物沉积在将要成为宾夕法尼亚州的湿软、低海拔区域中。实际上，地质学家们将这一时期分成了低石炭纪与高石炭纪，而后者则被称作宾夕法尼亚时期（Pennsylvanian）。在时间和压力的作用下，含碳的——带有碳元素的——物质被转变成了无烟煤。

宾夕法尼亚州的硬煤田几乎覆盖了500平方英里的面积，横跨宾州东北部七个县。正如后来开采的分布，区域内三条主要的煤矿脉——北边那条煤层从福利斯特城（Forest City）延伸到希克欣尼（Shichshinny）；东边那条从怀特港（White Haven）延伸到麦卡杜（Macadoo），以及南边那条从谢南多厄（Shenandoah）延伸到威廉斯敦（Williamstown）——储藏着惊人的、全世界 75% 的无烟煤。很难想出其他的关键性自然资源如此集中地分布在这么小范围内的例子。

所有这些煤通过多种方式改变了费城。在佩恩设想双港城之后的 150 年，斯库尔基尔河的河岸终于繁忙了起来，充满了码头、仓库以及来来往往的煤炭运输驳船。特拉华河仍然保持着费城与世界的联系，而斯库尔基尔河则将这座城市与宾州内陆地区的煤矿产区连接了起来。

煤炭同样也为城市提供了向一个工业基地转变所需的能源。费城的工业革命取决于大量的技术创新、资本的重新组织，以及劳动力的严格管制和利用。但是，工厂产量仅仅依靠水车和火炉是难以增长和扩张的。1829 年，一位《星期天简报》的匿名专栏作家提议用煤炭取代蒸汽船和其他蒸汽机火炉中的木材，警告称如果不进行替换，新泽西所有的松树林将在一代人的时间内消失。"蒸汽和无烟煤的发现给我们带来了巨大的改变！"这位作家疾呼道。"他们注定要产生的影响是无比的强大"。[5] 简而言之，煤炭为工业化的费城提供了动力，而这座城市与斯库尔基尔河上游煤炭矿区的便捷交通使费城成为美国第一个伟大的工业中心。

即便在家庭尺度上，煤炭也改变了城市居民的生活。对不断增加的城市家庭而言，煤炭迅速地被证明为是一种比木材更加便宜而且更可靠的热源。早在19世纪20年代，费城一些有远见的住房户主已经安装了煤炭供能的中央供暖系统，而到十九世纪中期，在城市家庭使用的能源上煤炭已经超过了木材。维多利亚时代中产阶级家庭常常围坐着的壁炉也许是一个有力的文化标志，但实际上这些家庭之所以能度过一个温暖的冬天可能还是因为煤。

这座城市对煤炭无穷的需要极大地改造了这个煤炭之国的面貌。1863年，也许是转移大家对内战噩耗注意力的一种方式，作家H·M·奥尔登（H. M. Alden）带领《哈珀的新每月杂志（Harper's New Monthly Magazine）》的读者游历了这个无烟煤的国度。"很少有如此令人愉快的旅行了，"他开始谈到他的旅行见闻，"当我们穿过宾夕法尼亚广阔的煤田……至于时间，你可一定不要选错，从5月当此区域穿上它的绿装，直到11月当它卸去它华丽的秋衣。"在旅行的结尾，奥尔登欢快地得出结论："少有这样的地方能让暑假可以如此快乐地度过"。[6]

公道地说，奥尔登是在煤炭刚开始采掘的年代前去旅行的。但即便如此，也很难想象他怎么会漏掉煤炭开采对自然景观和煤矿工人的影响。在煤炭年代的大部分时间里，硬煤是用同样的方法开采出来的：隧道随着煤层变得稀薄而越挖越深；暴露出的一面填满炸药；爆破；然后将已松弛的煤炭运出到表面。爆破之后，大部分的工作都由工人们挥动着 5 英尺长、15 磅重的铁镐来完成。在平静的日子里，采煤或许只是幽闭、肮脏和令人疲惫的。而在其他时候，它却能置人于死地。

奥尔登带着他的读者们下到一处竖井煤矿。正如他屏住呼吸所描述的："这里的石头是通过爆破来开凿的……你闻得到火药的气味——你的向导在前面向你呼喊——这里没事——你及时上来时正好听说了一场意外，就在不到五分钟之前——也就是刚才最后一次爆破——差点让附近那个弄错信号的矿工丧命！你不禁为自己逃过了一劫而发抖……"。[7] 奥尔登这种轻松、近乎欢快地描述方式掩盖了采煤的艰辛和它背后真实存在的危险。从石炭纪到现今的时代，地质构造的变动将这一区域折得像一把手风琴，创造出山脉和峡谷，并将煤炭锁进这些断层中。这意味着为了接触到煤层，开挖竖井的角度常常不稳定，只有某些时候才基本是竖直的。对很多矿工而言，这份工作伤害他们的手、脚、眼睛或者体态。还有其他问题。在煤炭开采完很久以后，宾夕法尼亚州东北部的矿工受到黑肺和一系列与煤灰相关疾病的折磨。有些人现在还是，也有其他人前去工作却再也没有回来。1870 年到 1968 年间，当煤炭基本上已挖完之后，宾夕法尼亚州总共记录了有 31000 人在无烟煤矿中死亡——这 100 年中几乎每天都有一人因此去世。

1917 年，在第一次世界大战的焦灼之中美国加入了战争，宾夕法尼亚州东北部的煤炭采掘达到了顶峰，当时超过 1 亿吨无烟煤被开采出来，而且大约有 18 万人在煤矿工作。这时基本上所有需要能量的东西，从工厂发动机到火车头，再到海军战舰和家庭供暖系统，都在以煤炭作为能源。这也是美国最后的煤炭能源时期了，而宾州硬煤则是当时最好的选择。

煤炭经济在19世纪后期创造了几个二级城市中心。雷丁和波茨维尔由于它们在煤炭运输中的作用而从小镇发展成了小城市。更北的地方，煤炭造就了斯克兰顿和威尔克斯·巴里（Wilkes-Barre）的迅速发展和繁荣，这种影响如此之大以至于它们在20世纪初都发展出了更加多样化的经济体系。举例而言，斯克兰顿生产了全美国除芝加哥之外最多的钢轨。在特拉华州一侧，作为一处摩拉维亚（Moravian）教会社区而在18世纪建立的伯利恒（Bethlehem），已发展成为一座钢铁制造基地。

然而第二次世界大战以后，当煤炭时代终结，它已经给这个地区留下了和带给矿工的同样巨大的创伤。那些小型工业化城市经历了和底特律、圣路易斯和费城这样大城市相同的去工业化时期——由失业和工厂关闭带来的经济崩溃。但这些小城市拥有更少的资源从工业衰退中恢复，而去工业化的影响被证明更加残酷，在某些方面更加深重。

在煤田，特别是在靠近它们的小型聚居点，煤炭时代的终结遗留下一些更为可怕的后果。煤炭的开采对于土地和矿工的伤害同样残酷。当数十亿吨的煤炭从地下被开采出来并运上货船，也有数十亿吨的炉渣和碎煤被留下了，从原先的地质建造中被吹走而被随意地丢弃。冲蚀污染了煤炭矿井周围的山丘和清澈的溪流，它们最终汇于特拉华河或斯库尔基尔河，带来大量的污染。采矿小镇桑塔利亚因为长期燃火而闻名，小镇地面下的煤层中存在一处缓慢却持续的闷燃。

正如作家弗兰克·麦柯肖恩（Frank Macshane）所形容的："很难想出比宾州斯库尔基尔河谷两侧的乡村破坏得更加严重的自然景观了。"成长于矿业小镇阿奇博尔德（Archbald）的诗人凯伦-布罗美恩（Karen Blomain）更夸张地描述这里的景象："我已经十二年没有再读过但丁的作品了，但我在六岁时见到了一个《地狱》般的场景，并理解了那里人们的绝望和恐惧，烈焰在他们狰狞的面孔上投下火红的影子，浓烟模糊了他们的脸庞。我是在一座矿洞中第一次看到这种景象的，而且在我的童年里从邻居的故事和家谱的记载中不断地意识到这种恐惧……"。[8]

这就是我所能想到关于硬煤的方方面面。

运河系统首次将斯库尔基尔河上游和其他煤矿的煤炭运出，改变了运河一端的山丘和峡谷以及另一端的城市。但运河时代并未延续到内战以后。斯库尔基尔运河在1859年迎来了它获利最多的一年，但或许这个记载也带有误导性。早在1842年，费城到雷丁的铁路开通了，它被设想成运河的直接竞争者。自此，宾夕法尼亚石炭纪留下的巨大财富逐渐大部分由火车车厢运走，而不是运河驳船。

雷丁线并不是这一区域的首条铁路线。这一殊荣属于费城、日耳曼城和诺里斯敦之间的铁路，它早在1832年

6月就已开始运营。但是,那些建造雷丁线的人们很清楚用火车连接费城和煤田背后丰厚的利润前景。1842年1月10日,在开业庆典的盛况中,一列挂载75节客车车厢的巨大火车将2150位乘客从波茨维尔带到了费城。紧随其后的列车则满载着180吨煤炭。

不满于仅与沿斯库尔基尔河沿线的运河竞争,雷丁线还让特拉华河重登煤炭生意的舞台。这条铁路公司购买了特拉华河岸里士满港口的土地并在那里建立了专门的煤炭码头。它也建造了一条铁路支线横穿费城县抵达这些码头,1842年5月17日,第一列载煤列车到达。

以下这些数字令人印象深刻:1842年雷丁线运载了将近50000吨煤;1843年将近220000吨;之后一年达到了475000吨。1845年之后,在几条短途支线新开通之后,这一数字又翻了一番。到1847年雷丁线已被视作美国最伟大的一条货运铁路线了,运载量超过了庞大的伊利运河,每英里的成本却只有它的一半。1852年里士满港(Port Richmond)的码头记载了123万吨煤从新扩建能容纳100艘船同时装货的港口设施中运出。内战爆发后,雷丁成了最早的垂直一体化经营的案例之一。它控制了各个煤矿以确保煤炭的稳定供应;控制了装货设备、火车、轨道、桥梁;里士满的船渠设施;以及它自己的运煤船队,往来于特拉华河与东海岸之间。那时费城港已经不及纽约港显要,但雷丁通过铁路将煤炭资源与水资源联系在一起的能力,使费城成为全国最大的煤炭转运中心。

费城的铁路开始于沿斯库尔基尔河的周边，为更大的区域运载货物。在此意义上，铁路不过只是加强了区域已有的交通网络。然而很快地，铁路建设者们意识到他们没有必要与已经是最划算的水路交通捆绑在一起。他们也可以与从城市向西延伸的收费高速公路以及和其他公路竞争。只要资金和工程方面没有问题，他们可以去想去的任何地方。换言之，铁路可以克服自然条件，让地貌与人类活动越来越无关。

建造宾夕法尼亚铁路这条 19 世纪最伟大铁路的人们深知这一点。到 1854 年宾夕法尼亚州铁路一直延伸到了匹兹堡，这是运河无法做到的；而到了 1858 年，火车可以经过匹兹堡抵达芝加哥，这座 19 世纪最伟大的迁徙城市。费城自伊利运河开通以来，再一次与美国西部连接起来。

芝加哥较其他任何美国城市而言，都更适合被称为铁路的产物。但铁路公司，宾夕法尼亚州铁路公司常用的简称，在 19 世纪末发展成了全国最大的公司，而费城则是它的中心。1894 年，当宾夕法尼亚州铁路的宽街车站由弗兰克·弗尔内斯（Frank Furness）扩建完成时，它的玻璃拱廊顶棚是世界上最大的，每天有超过 500 趟列车和 6 万名乘客来往于此。

在西边，宾夕法尼亚州铁路公司兼并且控制了构成美国工业化心脏地带的铁路运营——从费城忙碌的制造车间，通过宾夕法尼亚州的煤田和油田，再经过湖区的工业中心，最终抵达芝加哥。这些扩张的大部分工作在两

图 22　雷丁线铁路创造了一个垂直一体化经营的煤炭集团，里士满港枢纽是它的中心。费城图书馆公司供图

位董事长托马斯·斯科特（Tom Scott）和乔治·罗伯茨（George Roberts）的领导下于 1874～1897 年完成。

在亚历山大·卡萨特（Alexander Cassatt）任内，宾夕法尼亚州铁路同时向南北扩张，搭载旅客通过费城往来于华盛顿与纽约之间。虽然他没能活着看到这一天，卡萨特最大的功绩莫过于建造了称得上是美国有史以来最伟大的车站。该车站因为 20 世纪 60 年代被拆毁，而又成为遭受破坏最严重的宾夕法尼亚州火车站（Pennsylvania Station），它于 1910 年在曼哈顿中城的第七大道开始运营。

在宾夕法尼亚州发展最迅速的半个世纪中，铁路改变

了它利用自然条件的方式，这表明河流对于区域而言不再是至关重要的因素了。虽然费城的第一代富人们在斯库尔基尔河的河畔和峡谷边建立起他们富丽堂皇的田间庄园——它们中许多现已成为费尔芒特公园（Fairmount Park）的一部分——宾夕法尼亚州铁路正线的西段使得新一代的精英们可以沿铁路线修建他们的产业，从费城到欧文布鲁克（Overbrook）、梅里恩（Merion）、布林莫尔（BrynMawr）以及更远的泡利（Paoli），从此也创造了社会意义上的简称——"正线"。为了让列车抵达曼哈顿第七大道上的宾夕法尼亚州火车站，铁路需要穿过哈得孙河

隧道，这一宾州铁路公司修建的与宾夕法尼亚州火车站同样伟大的工程杰作。在铁路时代，曾经作为最重要交通路线的河流要么变得无关紧要，要么被跨越和穿过。

就像铁路取代轮船一样，火车也被战后的主要交通工具汽车和卡车所取代。有趣的是，或者也许讽刺的是，当费城人建造他们的州际高速公路系统时，他们又回到了河流。不论是有趣还是讽刺，这一选择已经带来了严重的后果。

费城规划委员会（Philadelphia Commission）1950年发布的报告现在看来像是另一个时代让人痛苦不堪的遗物。意识到费城街道堵塞的交通，委员会认定应当建设一个有限进入的高速公路体系以"减轻费城的交通堵塞"，并"为市内交通环流提供必要的纽带……从而提高城市结构的便利和效率"。对"便利和效率"的需要导致斯库尔基尔快速路（Schuylkill Expressway）的建设。

但这些豪言壮语都落了空，或许除了驾驶员沿着这条25英里长的车道为争抢位置而不惜破口大骂时说的污言秽语以及反语。这是全美国最糟糕的公路吗？它一定在候选之列。它比大部分公路都要危险吗？我们称之为"死酷快道"不是没有原因的。甚至它的设计工程师，比尔‐艾伦（Bill Allen）在这些质问面前只能令人惊讶地辩解道："如果你不喜欢它，那就别开这条路"。[9]

斯库尔基尔快速路是纯正的20世纪50年代产品，作为宾夕法尼亚州的一个联邦项目于1949年启动，在《1956年联邦州际高速公路法案》通过后快速上马——带来了大笔政治分肥式的建设经费——并在1959年完工。它矗立着——或躺着——作为一座现代史诗般大规模城市更新项目的时代纪念碑，也是所有其他形式的人类活动都附属或屈从于汽车的时代纪念碑。这个时代，停车场对于人类的重要性远大于公园。快速路基本是在理查德森·迪尔沃思市长（Mayor Richardson Dilworth）任内建造完成的。他在开路仪式上剪了彩，而几年之后就称这条公路是"我任期内最严重的错误"。

一条此等规模的公路，承载着如此之多的交通，所到之处竟没有商业，这条快速路还真是一项杰出的工程壮举。它的车道从福吉谷/普鲁士王（King of Prussia）沿着河流蜿蜒，穿过中心城区，最终将车流倾泻到沃尔特-惠特曼大桥上。这条快速路在铁轨、陡峭地形和拥挤城市环境的缝隙中穿梭。在三十街车站，可通行的空间太过狭窄以至于工程师们不得不将河的南岸移动8英尺以容纳向西的车道，从而创造出两侧仅2英尺宽的隔离带。正如工程师比尔·艾伦再一次的，带着自豪口气的辩解："对的，就2英尺。这就是你穿过桥下通道时与混凝土桥墩之间的距离……"。

它几乎从一开始就被证明是不恰当的。由于它是被追认为州际等级的，因此它与其他州际公路的工程标准并不一致。一位工程师在1969年告诉《费城问询报》，"回过头来看，也许更明智的选择是再等一等那些[联邦]经费。这样至少这条快速路将会拥有所要求的所有更高工程标准……"。1950年,规划师预测这条公路的交通流量在1970年将达到35000辆。他们差得太远了:在通车后的一年之内,每天有70000辆卡车和汽车使用这条公路。

关于斯库尔基尔快速路的最讽刺之处,也是我之所以称1950年规划委员会的报告为灾难性的原因,在于那些规划师们看来真的只考虑到单方向的交通流量。它是为了让城市生活更美好而被规划、建设的,通过使车辆行驶更加畅通来振兴城市的——似乎没有人注意到它将让人们能以60英里每小时的速度离开这座城市,而且许多人并不打算再回来。

此外,通过连接中心城区与普鲁士王地区,斯库尔基尔快速路将地图上一个原本无足轻重的点,以一位18世纪德国统治者而命名的地方,几乎变成了郊区购物中心的同义词。规划师们也许曾相信这条快速路将轻易地为中心城区的零售业带来顾客,但是事实是,越来越多的本地购物者利用这条快速路前往郊区的购物中心。

这条快速路也使得202公路走廊地带的发展成为可能,一英里接一英里绵延的简易商场、办公"公园"和乏味的居民区综合开发横跨这个区域,从切斯特县一路延伸到新泽西州。一旦快速路连接上了沃尔特惠特曼大桥,一套全新、日趋繁荣的郊区就与其他郊区连接起来。因此,费城事实上成为一个中途经过之处。在此意义上,斯库尔基尔快速路也许比该地区内其他任何项目都更有力地促使了人群、金钱和工作机会从城市向郊区的逃离,并创造了战后的区域扩张。

不如称之为扩（张）死（亡）快速路（Sprawlkill Expressway）。

当规划师们想要将费城与州际 95 号公路这条东海岸主要的南北大动脉相连时，他们选择了威廉－佩恩特拉华河沿岸的高速公路。它本来被视作宾州高速公路系统的一部分，但 1956 年之前还没有我们所知的州际 95 号公路；如果当时联邦经费到位了的话，那穿过大费城地区的 95 号公路将完全成为宾夕法尼亚州州际公路系统的一部分。

事实上，它是零零碎碎地修建起来的，这里一段公路，那里一个出口，直到 1985 年也没有彻底完工。它从两端向城市推进，最后一部分是在佩恩码头（Penn's Landing）穿过中心城的一段。修建 95 号州际公路这最后一段意味着要拆除城市大部分最古老的滨水地区，并在地下施工以使得原来的街道能够在上面通过。

从中心城往北，快速路有几英里长的高架部分，在它穿过的几处城市社区上投下阴森、恐怖的阴影。这些社区之一的里士满港在 1996 年对 95 号州际公路展开了复仇，当时高架桥下一处非法轮胎垃圾场起火导致三条车道变形。如果你在 95 号州际公路完工时站在它阴暗、潮湿的桥下，你几乎能听到周边的房产价值在持续不断的交通喧嚣声中不停下跌。

虽然完工于 1985 年，但它现在仍旧不完整。州际公路系统的宏伟目标是在主要目的地之间提供迅捷、高效的汽车交通网络。在费城都市区，95号州际公路并非如此。从华盛顿往北行驶，驾驶员们只会遇到极少有关费城的标识（关于纽约的则有不少），让新手们觉得这条路并不会真正通到费城。有经验的驾驶员才知道想要继续沿东北走廊前行的话，他们需要在费城以南驶出95号公路而驶入新泽西的高速公路系统。

继续沿95号州际公路行驶，你将发现它向北穿过大费城地区时并未与其他任何公路相连——既不连接宾州高速公路，又不连接新泽西高速公路，也没有连接95号州际公路的余下部分。这看上去像是一条通向未知之地的公路。

州际公路高速发展的年代对费城并不有利。高速公路围困着费城，让它与自身其他部分分离，而且将它与往来于东北走廊地区的人流和物流隔离开来。允许斯库尔基尔快速路连续不断地径直穿过费尔芒特公园而建，这真是令西哥特人都自愧不如的破坏行为。

令人伤心的是，这条高速公路将此地的居民与他们的河流分割开来。一些路段让他们很不舒服——在装着18个车轮大卡车的乌烟瘴气中实在难以享受到河流的宁静——而另一些路段则难以通达。

费城当然不是陷于这种困境的唯一个例。许多穿过大大小小的城市而建造的大型公路项目都将人们和他们的滨水区域分离开：纽约由于罗斯福路而失去了与东河的联系；纽黑文的港口被诸如95号和91号公路等道路的交叉点所遮蔽。人们几乎只能凭空想象他们祖辈与水流间的亲密关系，20世纪中叶城市更新项目将人与水流分割的做法是如此的非人性。这些项目在费城的结果，正如建筑师艾伦·格林伯杰（Alan Greenberger）所写的，就是让一座原本位于两河之间的城市，变成了一座位于两条高速公路之间、只不过恰好与两条河流相邻的城市。[10]

特拉华河谷地区在最近一段时间内应该不会再有任何大型的道路项目了。也许会在这里修一处匝道，那里重新配置一下交通模式，或者再造一处立体交叉道，让95号州际公路最后能有路可连。这个地区的人口和房地产开发实在太过拥挤，难以想象通过土地征用权去征收大片的道路用地。476号公路——蓝线——将95号公路与穿过特拉华州部分地区和蒙哥马利县的快速道路相联通，它很可能是州际公路年代最后一块丰碑了。而这条路也历经了一年又一年的争论、协商和诉讼，最终才得以建成。

但并不仅是后勤和资金的原因导致了很难新建道路。越来越多的人已经意识到：大型公路并没有实现修建目的。它们为了振兴城市而建，却成了助推郊区扩张的动力；为减轻交通堵塞而建，尤其是快速路，现在却是区域内最拥堵的路段；为缓解城市拥挤不堪的高密度而建，这些大型公路上越来越多的车堵在停滞不前的交通中，是城市大部分烟雾污染产生的源头。

不妨称之为汽车的马尔萨斯悖论。托马斯·马尔萨斯（Thomas Malthus），一位18世纪的英国科学家，认为任何类别物种的数量都将不断增长到恰好超过他们生活

图23 沿着特拉华河的河道,河滨线连接了这一地区中两座最贫穷的城市——特伦顿和肯顿——期望达到振兴它们和沿线一连串萧条小镇的目的。照片为作者所摄

环境承载力的某个点,以不可持续的速度消耗完所有的资源(马尔萨斯的研究对年轻的查尔斯·达尔文(Charles Darwin)有重要的影响)。

所以同样地,在20世纪下半叶新的公路项目是刺激了,而不是减少了,更多的汽车交通。道路上行驶车辆数目常常几倍于这些道路所设计的承载极限。所有这些都可以概括成:洛杉矶。但是却没有比斯库尔基尔快速路更好的说明汽车马尔萨斯悖论原理的例子了。它现在不再是解决交通问题的对策之一,而成了问题本身。

因此这一地区的规划师们回到了一个更早的方案,并回到河流上以实现他们的方案。他们规划了两条新的铁路以应对区域内的人流,一条在新泽西境内沿特拉华河从肯顿到特伦顿，另一条沿斯库尔基尔河从费城到雷丁。

前者已经完工并对外招商。新泽西公共交通公司以10亿美元的成本修建了这条河滨线（the River Line），一条真正可媲美欧洲的舒适便捷电气化的有轨电车线。

2004年3月，当它对外开放时却受到严厉的批评，被认为是一个浪费时间与金钱的奢侈项目。修建费用太过昂贵，而且还需要新泽西公交公司其他部分的补贴才能够维持运营。一个错误的项目，建在州内一个错误的地方，特伦顿和肯顿之间能有多少人通勤？而这些只是最委婉的评价，甚至来自于那些自称大众公交的支持者们。[11]

这些批评有些偏离重点。河滨线（the River Line）除了是一个公交项目，更是一个区域经济发展项目。这条线路穿过了一系列特拉华河沿岸的工业小镇，他们中的大部分都经历了去工业化的一系列问题，尽管是小规模的。河滨线（the River Line）按照规划的设想能够刺激带动这些小镇的投资。不像周边的郊区化扩张，基本上都是一片令人麻木的平庸景象，而类似里弗赛德（Riverside）和博登敦（Bordentown）这样的小镇有着真正的特色和独特的建筑，甚至是魅力。或者说一旦有更多人来到这里生活、工作和娱乐，它们将能拥有出众的特色与魅力。

有河滨线穿过之后，这些小镇毫无疑问地将会复兴。它们将成为小型的市中心，沿河依次排开。里弗赛德曾经是全世界最大钟表生产商的总部，而它壮观的建筑已经被遗弃多年。河滨线开放之后不到六个月，一位开发商就买下了整栋建筑，并宣布了将其改造成一栋独立公寓的开发计划。

大型公共交通中心一般能促进集聚发展，而汽车则倾向于带动离心式发展。因此，河滨线相较于解决问题，不如说是预言了这个问题；相较于对现状做出反应，不如说是对未来进行塑造。当开发商和居民们发现这些亲近特拉华河的小镇时，那里已经有一处能为他们服务的公共交通线了。在这个全国郊区化程度最深的州，这无疑是一项富有前瞻性的城市规划项目。

对比之下，雷丁和费城之间对公共交通线的需求已然存在，但它的未来却带有更多的不确定性。所有人都同意这条提议中 62 英里长的项目将会减轻交通压力，并带动沿线许多小镇的振兴。等待政治意愿的凝聚从而将它落到实处是一个好想法，但这种等待直到目前都一直是痛苦而磨人的。

这两个铁路项目截然不同的命运为地区间合作提供了一个生动的教训。在新泽西，项目完全由州政府通过州立公交机构，也就是新泽西公交公司来运作。雷丁－费城线则接受宾州东南交通管理局（SEPTA）的管辖，这是一个在州立法系统中缺乏支持的地区级机构。进一步地，SEPTA 的董事会在历史上对该机构就缺乏强有力的领导，使得它难以管控自己的系统，更不用说对未来做出雄心勃勃的规划。所以，当特拉华河河滨线周边地区开始焕发活力时，宾夕法尼亚州的斯库尔基尔快速路仍然堵得水泄不通，浓烟密布。

在用于交通之前，在利用水的力量转动水车之前，我们其实每天都需要水以维持基本生活。尽管北美印第安人已经利用大费城地区的水资源长达千年，但移民费城的欧洲殖民者仅仅花了100年就污染了他们的水源。开凿于城市低洼地区的水井填满了肮脏的碎石；流向特拉华河的小溪成为城市居民的开放式下水道；而特拉华河本身也迅速变得难以利用，臭名昭著。

在寻求一种新的、可靠的、但首要是洁净的水源的过程中，18世纪的费城人再一次望向了西边的斯库尔基尔河。在工程师兼建筑师本杰明·拉筹伯（Benjamin Latrobe）的设计下，费城修建了一个蒸汽水泵动力的供水系统，将水从斯库尔基尔河畔沿高架水渠输送到位于宽街和市场街的中心广场。在这里，蒸汽水泵再一次将水运往一处贮水池，并利用重力将水输送到管道网络中去。1801年1月，来自斯库尔基尔河的淡水开始流进费城的家庭。一年之内，斯库尔基尔河的水为63栋住宅、4家啤酒厂、一家糖精炼厂和37个消防栓供水。

拉筹伯的供水系统是美国第一个市政供水系统，而且如果我们停下来仔细看看，它称得上是一个奇迹，将洁净的水源可靠地运往一座拥挤的城市及其居民的家中。对比之下，纽约的克罗顿系统（Croton system）直到1842年才得以修建，而波士顿的则要到1848年。当这些城市终于开始打算修建它们市政供水系统时，它们到费城寻求建议和专家的帮助。

这些城市请的专家不是本杰明·拉筹伯，而是弗里德里克·格拉夫（Frederick Graff）。格拉夫在1805年受命管理费城的供水系统，并很快发现这一系统对水资源的利用不够充分。因此他说服市政将它的水厂整体向上游搬迁约半英里，并在费尔芒特山上建造了一处巨大的水库。水库的水来自蒸汽机泵——不过它们很快就被一套精巧的水力泵替代——从这个高点往后，重力将直接把水运往一个管道系统。水库的建设开始于1812年，最终在1822年完工。

所有这些杰出的工程安置在一座同样出色、优雅的新古典主义建筑中，建筑由本杰明·拉什（Benjamin-Rush）雕像所装饰。留下的自来水厂立即成为一处主要的旅游景点，尤其对于欧洲游客来说是必看的一站。费尔芒特的自来水厂在19世纪的绘画、印刷品和其他文化复制品中可能得到了比其他任何城市风景都要多的描绘。自来水厂似乎说明了在工业化时代的黎明，艺术和科学可以和谐地共存，工程与美学可以共同进步。斯库尔基尔河上的自来水厂，也许比任何单一建设项目都更多地赋予了费城一个内战时代前的绰号：美国的雅典。

这一项伟大的市政改善项目导致了此世纪内后来的另一项改进。始于1855年，受到城市扩张的推动，市议会开始在斯库尔基尔河两岸购买一系列乡间田产，它们都位于自来水厂之上，并以信托形式持有留作公共用途。通过这些购买，费尔芒特公园建立了起来。尽管公园的规划在内战期间停滞不前，它依旧在1876年建国100周年庆典上成功地担当了主办地的重要角色。

　　当然更精确地说，并不是自来水厂推动了这座公园的建立，而是水本身。费尔芒特公园最先和首要的设想是成为城市水源地保护的一个缓冲区。在创造这个缓冲区的过程中，费城人建造了一处非凡的城市后院和美国城市地区中最美丽的片区之一。斯库尔基尔河穿城而过的美"激发"了一位诗人在100周年纪念时出版了一首伟大的——我指的是诗的长度——歌颂这条河流的诗作。为了赞美"起伏的魅力"，诗人慷慨地写道："With Christ the Jordan's banks rove, / With Horace, tawny Tiber love; / With Scott, abide by Teviot's tide, /With stricken Grey, by Luggie's side; /But garlanded by pleasures flown, / Endeared by recollections sweet, /The Schuylkill's name I most repeat /With accent fond and tender tone; /Beyond all streams that lands can boast, /I most repeat, and love the most"[12]，接着这首诗延续下去超过30页。或许，"激发"并不是一个太准确的词。

　　为保护斯库尔基尔河饮水水源而创造费尔芒特公园的时间，正好是河流上游煤矿开始运作的时期。在极富象征意义的一个历史巧合中，也就是全国人民聚集在费尔芒特公园，在沿斯库尔基尔河下游河岸上庆祝100周年庆典的后一年，以莫利帮份子（Molly Maguires）为名的煤矿工人活动分子们在这些煤矿上发起了美国第一次暴力工人起义。1877年，莫利帮份子的成员们在波茨维尔（Pottsville）

沿着斯库尔基尔河被处以绞刑。

19世纪的费城人似乎设想过他们可以同时通过两种迥然不同的方式去利用斯库尔基尔河——因此实际上有两条不一样的斯库尔基尔河。当时人们管理河流的假设似乎是工业对河流上游的利用不大会影响下游饮用水的质量。但显然不是这样：不论是什么东西，一旦进入到河水中，就必须从另一端出来。到19世纪后期，工业对斯库尔基尔河的开发盖过了下游家庭对河水的使用。到第一次世界大战时，各种各样的工业污染已经杀死了这条河流，而费尔芒特自来水厂也被迫关闭。此时，美丽与实用、工业与自然看起来不如人们在1822年设想的那样能够共存。

当乔治·华盛顿将军在特拉华河完成他知名的渡河行动，从宾夕法尼亚州前往新泽西州以对英军发动一次偷袭时，他是在一艘杜伦船（Durham boat）上完成渡河的。这是一艘吃水浅的生铁运输驳船。

在我重新校阅时，惊讶地发现之前关于斯库尔基尔河的讨论也许带有一点误导。斯库尔基尔河水岸的确在19世纪发展成了一处伟大的工业中心。但华盛顿在1776年圣诞夜用到的那艘杜伦船提醒了我们特拉华河同样也是一条工业用河，并且它也将成为一个兴盛的工业峡谷。在顶峰时期，特拉华河两岸的工业规模、集聚程度以及制造业的多样化很可能在全世界范围内都无可匹敌。

几乎是必然的，华盛顿是在特伦顿渡河的。特伦顿标志着特拉华河的端点，从南方逆流而上所能航行到的最远的点。这一事实完全是此地古代地质影响的结果。特拉华河谷处在两大地质构造的交界处。在西侧，皮德蒙特（Piedmont）是阿巴拉契亚山脉的一部分；在另一侧，海岸平原的地质构成包含着比石头更多的沙砾。这两处构造都可以追溯到恐龙的年代——的确，在美国被发现的第一条恐龙是19世纪40年代从南泽西"绿沙"中发掘出来的一条鸭嘴龙。这两种地貌相遇的地方，河流都会形成瀑布，其中之一便是特伦顿的瀑布。

因此与斯库尔基尔河的模式恰好相反，特拉华河从北端特伦顿到南端威尔明顿（Wilmington）的下游部分，在十九世纪完成了工业化。像斯库尔基尔河一样，特拉华河最早的工业用途是将工业原材料运往市场的一条便捷交通线路。早在18世纪60年代，就有筏船载着木材顺流而下抵达费城；仅1828年的春天，就有大约1000艘筏船往来于这条线路，将5000万英尺长的木料带到费城。[13]

这一开采性的原料经济很快就被特拉华河沿岸的制造业经济所取代，而两侧河岸上的公司名称读起来就像是一部美国工业时代的说明书。在特伦顿，Roeblings建立了它们的钢缆帝国，而Lenox创造了细瓷的天下；在威尔明顿附近的杜邦（Duponts）最初生产火药，之后则转而生产一系列的化学制品。在它们之间，Henry Diston建造了美国最大的铁锯工厂，Jack Frost专注于制糖，Cramp's则是造船，RCA刻录了卡鲁索（Caruso）的歌声，Campbell生产罐头汤，而Sun则从事石油精炼。

造船业成为特拉华河上的首个重要制造业——1764年驶往费城筏船上满载的木材中包括了为船只桅杆所准备的高大、笔直的松树原木。150年之后,作为一战紧急动员的一部分,海军在城市底端的霍格岛(Hog Island)建造了一处巨大的造船厂。

造船厂的任何方面都十分惊人。在900英亩大的沼泽地上进行建设,霍格岛(Hog Island)造船厂在短短10个月后就开始焕发活力。它包括50条造船台,雇用了35000人。在两年的时间里,这35000人建造了一支由122艘自重7500吨平底船所组成的舰队。平均每年61艘船,每月5艘,真是难以置信。而在霍格岛造船厂工作的意大利人则带来了用长而硬的面包卷做成的,用蔬菜和熟食肉填充的一种三明治。这一食品在今天仍有数百万的费城人食用,他们称这种三明治为"好个儿(hoagie)"。

所有这些历经多年、从特伦顿到威尔明顿的工业化活动对河流本身造成了预料之中的损害。在工业化时期,特拉华河是一条淡水、感潮的河流。这意味着它与大海同步,一天两次高低水位变化达到6英尺。这些潮汐反过来沿河道及其支流形成了一片片潮汐泥地和沼泽。

在成为工业化基地之前,特拉华河这一部分在生态学意义上的物产丰富得惊人。植物生命——野生大米、白菖蒲、梭鱼草、香蒲,任何人估计都有至少超过700种物种——鸟类、鱼类和软体动物种类如此繁多,以致人们用它们命名南泽西的小镇谢尔皮尔(Shellpile)和比瓦尔芙（Bivalve）①，牡蛎苗床曾经遍布在河床上，沿河流一直向北延伸到费城的北部边界，从城市附近的河岸上看到海豚在当时也并不稀奇。1679年，在威廉－佩恩来到特拉华河的几年之前，雅各布－丹伊恩卡尔兹（Jacob Daenckaerts）近距离注视着河流并发现："我从来没有在别的地方看到过这么多只鸭子在一起。河水看起来黑压压的一片，以至于当你从远处看过去，仿佛那里就是一大团污物或野草。而当鸭子们飞起来时，那里的空气突然爆发出一阵急促的震动，就像是有一场暴风雨经过树林一般，甚至还有类似远处雷电的轰鸣声"。14

如果造船业是特拉华河第一个大规模的制造业，那么商业化的渔业则紧随其后。鲱鱼、大肚鲱、条纹鲈鱼、鲟鱼——所有这些鱼都是从大海中游来特拉华河产卵的。但是绝大部分是美洲西鲱。1896年，特拉华河水域捕获了1500万吨西鲱鱼。西鲱鱼渔场密集地分布在特拉华河的感潮河道上。

而后，特拉华河——或者至少说感潮的特拉华河——死去了。

不可计数无法知晓的、几乎所有已知种类的工业污染在制造业鼎盛时期被排进了特拉华河。雅各布－丹伊恩卡尔兹目睹了河流因大量野鸭集聚而看上去黑乎乎的200年之后，河水再次变黑，这一次是因为煤炭、石油、皮革副产

---

① Shellpile 指某贝壳，Bivalve 指某软体动物。——译者注

图24 煤炭从斯库尔基尔河上游运来,而石油则在它的下游精炼和贮存。图片由费城图书馆公司提供

品以及不为人知的其他污染。到第二次世界大战时,5亿加仑未经处理的废水流入特拉华河。河流中的油污多到可以凝结船只的制冷系统,残油则多到可以腐蚀船体。它们都散发出恶臭。当商业化航空时代到来时,地面管制员会告诉前往费城的飞行员如果在5000英尺的高空闻到了臭气,那么就到特拉华河上空了。[15] 特拉华河谷地区成了世界上最大的工业中心之一,而特拉华河则变成了它的下水道。

鱼类最先感受到这一点。在1896年的大丰收之后,美洲西鲱越来越难寻找。从1500万磅的捕捞量,到1904年的500万磅,再到1921年的区区25万磅。特拉华河的商业化捕鱼业颓迹尽显,注定要没落。它们是终将席卷整个区域的工业化浪潮衰败的第一批受害者。

衰败背后的原因对任何有所思考的人而言都显而易见,明显到可以在鱼本身的味道中察觉。根据一份出自宾夕法尼亚州渔业委员会的 1895 年的报告,"费城以南的河流充满了如此之多的煤油,以至于西鲱鱼身上都带有这种独特的味道"。[16] 渔夫很清楚是"全部倾泻倒入河中的……那些恶心的毒物和废气"杀死了鱼类。

渔夫们是对的,尽管他们并不完全明白河流的生态体系。溯河产卵的鱼类——美洲西鲱、条纹鲈鱼,以及其他那些一度遍布特拉华河的鱼类——曾经被我们视为英雄。它们在淡水中孵化,小鱼苗们游往海洋,在那里发育成熟,并常常于冬夏之间来回迁徙。然后在快达到性成熟阶段时,它们开始返回,逆流而上前往淡水水域产卵,开启下一个新的循环。在那份 1895 年的报告中,渔业委员会指出这种返回河床产卵的行为是"与生俱来的繁育本能——压倒性的动力以至于只有死亡或不可逾越的障碍才能阻止它们"。[17]

当人类活动干扰了溯河产卵鱼类的生命周期时,常常是通过建造"不可逾越障碍"的方式,比如大坝。比如西北部太平洋沿岸的虹鳟鱼,就是由于大坝的修建阻止了它们产卵而从哥伦比亚河中消失。而特拉华河渔业悲剧的讽刺之处则在于这里从未建立过类似的大坝,而是因为油污。进入河流的污秽物——以及生长其中的细菌——将河中的氧气消耗殆尽。为产卵逆流而上的鱼群实际上是窒息而死。

19 世纪初,特拉华河的水质污染已不允许将其作为费城人的饮用水源。而到 20 世纪初,连鱼类也不能在其中生存了。

正如费城人对斯库尔基尔河两种截然不同的利用方式在一定程度上造成了两条不一样的河,特拉华河同样也变成了两条不同的河,并以特伦顿的瀑布作为分界点。在许多方面,它现在仍然是两条河流。这种对比是非常强烈的。如特拉华河流域管理委员会的执行主任卡洛·克莱尔(Carol Collier)所言,"这是一条非常多样化的河流,以至于人们很难单一地概括它"。[18]

从特伦顿继续往上,特拉华河的景观和感觉上都很快变得更加自然。在这里很容易就能联想到诸如"自然流淌(free flowing)"、"纯洁的"、甚至"野生的"这些词语。在这里,渔业尤其是鲑鱼的捕捞情况很好。

当然,世上不存在绝对"自然"的环境。就像历史学家威廉·克罗农(William Cronon)所观察到的,我们所有与"野生"有关的经验都是以城市化、科技型导向的文明为条件的——从将我们带到野生环境的交通工具到用来远足、露营和捕鱼的设备,再到最初带来的对野生环境的期望。甚至当我们不在伐木、采矿或者耕作时,我们仍在把自然景观当成满足自身欲望的资源。[19]

在特拉华河这纯洁的上半段,人类也并未放松对河流的利用,尽管这很大程度上被隐藏在登山客和渔夫们的视野之外。每一天都有8亿加仑的河水从特拉华河上游由虹吸管吸出运往纽约市。相较于运往城市的巨大水量,更加惊人的是特拉华河的水质是如此的洁净,以至于它可以不经处理直接输往纽约的水龙头中。

在人类对河流上游的开发利用中，水体本身的纯净不太可能受到工业的污染。由于地质的原因，在特伦顿瀑布以北从来就没有多少工业分布，而在后工业化时代，就更难想象会再有新一代烟熏火燎的工厂在此建立了。

但是在 21 世纪伊始，这里的水并非没有受到威胁。这一次危险来自于郊区的扩张，在整个都市区域里持续地蔓延。随着越来越多的富裕人家想要拥有河景住宅，或者至少远离最近郊区扩张地区的普通住宅，上特拉华河的水愈发干涸。更多的水被抽走，更多的垃圾被倒了进来。除此之外，河流周边维护河水纯净的保护性缓冲地带持续缩减。考虑到上特拉华河流经三个州——纽约州、新泽西州和宾夕法尼亚州——因此难有一套行之有效的机制来管控这种郊区化的扩张，并保护这关键性的水资源。

假如说工业化的冷漠在半个世纪前扼杀了下特拉华河，那么上特拉华河很可能会被郊区居民追求的同时兼具理想乡村生活和纯净河流、且两者都不破坏的幻想所扼杀。并不能否认，上特拉华河很可能会因为被爱而死。

特拉华河一直是一条不辞劳苦的河流，随着欧洲移民在过去的两个世纪里对它利用的增多而负担沉重。直到今天也是这样。尽管特伦顿之上数十亿加仑的河水被用来为纽约的大众解渴，每年仍有超过 2500 艘商业船只往来于特拉华河的下半段。即便是在工业化巅峰早已远去的时代，保守估计也有 90000 个工作岗位与这条河流的开发利用相关。其中有许多船只运输石油——日均 100 万桶——而许多工人受雇于特拉华河的六大炼油厂。在这些炼油厂里，他们加工生产了东海岸70%的汽油和家庭取暖用油。[20]而造船业亦在费城海军造船厂停开几年后又回来了。在这片巨大场地的一端，集装箱货轮正在由北美最为先进的吊装设施进行装箱操作。由于上下游不同的发展动力，斯库尔基尔河无法同时维持它的两种用途。但令人惊讶的是，特拉华河却做到了这一点。

水滴石穿，水最终总能取胜。

大费城地区人与河流的物理分离也映照出心理上的隔阂。现在我们不常想起这两条河流，而只当有坏事降临时才会想起它们。

特拉华河在1993~1994年的寒冷冬天成了全国性的新闻。很久以来，这条河流头一次结了足够厚的冰以至于船只无法停泊靠岸。其中有许多是运油船，忽然间天然气和取暖用油的供应受到了威胁。10年之后的2004年，就在感恩节前夕，特拉华河由于一艘单层船体的油轮泄漏了50万加仑原油而再次登上新闻头条。由于当时罕见的水流条件，这一大规模泄露事实上往上游漂移了一段时间，抵达了佩恩码头——费城老城的心脏。

然而整个的流域相较于这两条河流范围更大，原理也更复杂。许多——也许是最多——小型的、组成此地区流域的水路已从我们的视野中和体验里消失了。那些只在暴雨或化雪过后才有水流的小溪与小河、阴沟，还有湿地与沼泽，全都被覆盖、掩埋、改道或者填平了。

夏富（Sharf）和威斯科特（Wescott）在他们所写的1884年费城历史中提到：

这里的面貌已经发生了巨大的改变，包括它的等高线和地形、水道的方向和河床……有些溪流消失了，有些改道了，几乎所有水道的流量和深度都下降了，原因来自自然的流失，每年一次来自山丘的冲刷，工业对水力的消耗，水坝、磨坊水槽和桥梁的建设，工厂生产过程中废弃物的排放，锯末、皮革工厂，以及在建造一座大城市中不可避免的土地平整和污水排放。在这个过程中，没有尊重原来的地标和古老的地形……[21]

这两位历史学家拥有非同一般的洞察力，从侵蚀到排污，他们识别出了伴随不受管制的发展和扩张而来的几乎所有问题。20世纪，建筑浪潮迅速发展，没人关注1884年的观察中所隐含的警告。几乎无一例外，没有任何有关"水道的方向和河床"的内容在大费城地区得到重视。在绝大多数情况下，这些水道已经被遗忘了。

直到雨降得越来越厉害，然后整个流域内的居民——从韦森诺明（Wissonoming）这样的工薪阶层城市街区到特拉华县工薪阶层所在的区域，再到蒙哥马利县的汤尼（toney）地区——全都发现他们有着一个共同之处：被水淹没的地下室。

或者更糟糕。某些易受洪水侵袭地区的房屋已经被洪水毁坏了。街道上甚至出现了落水洞。洪水还造成了家庭和企业油罐的二次泄漏污染。2004年的夏天,在特拉华县的上达比(Upper Darby)和达比(Darby)镇,一场暴雨之后的洪水几乎永久性地摧毁了500幢房屋。大卫·斯坦科(David Stanko),宾夕法尼亚紧急状况管理局的主任,直言不讳地将这一情况总结为:"最终帮助这些房产主的最佳办法就是让它们离开这些危害所在之处"。[22]

洪水并非完全是自然灾难,它们似乎在比往年更加频繁地冲击本地区并带来更大的破坏。但它们是粗糙、放纵式地选择忽视自然水道发展所带来的完全可以预见而非不可避免的结果。这是美国郊区普遍存在的一个问题。毕竟,水必须流向某些地方,而且它最终肯定会找到,即便那是你的地下室。特拉华河谷地区的不同之处,正如夏富和威斯科特先生所提醒我们的,在于这里的人们比其他的大部分人更早就填平和遗忘了他们的水道。

但不管有没有填平,不论记忆多么模糊,这些水道仍在继续塑造着这个地区。

不妨跟随景观建筑师迈克尔·奈恩(Michael Nairn)的脚步在西费城的磨坊溪(Mill Creek)走一走吧。这一区域某些街区有些糟糕,另一些街区十分破败,而大部分地方都在挣扎之中,仍然在与过去40年来人口的减少和经济活力的丧失斗争。迪克·克拉克(Dick Clark)曾经在这个街坊里广播《美国舞台》(American Bandstand),当然你不敢想象他会在近期到这里来。磨坊溪当然早就不存在了,因此想要在完全的城市街坊里沿着这条小溪行走需要想象力。

迈克尔首先会告诉你注意地形。当你开始仔细看时，会意识到那里曾经有一处溪流的河床，两侧有微微的坡度，穿过矩形的方格，大体上朝东南方向延伸。磨坊溪最终沿着四十三街前行进入克拉克公园（Clark Park），汇入斯库尔基尔河。

你的眼睛一旦注意到这种自然风貌，或者它的遗迹，迈克尔会告诉你看一看在它之上的人类附加物。当我们沿磨坊溪的河道在街道格网间曲折前行，努力找寻水道方向时，可能会察觉到建筑的腐蚀和遗弃最为严重的例子就在河床的底部，或者在它附近的地方。而在坡上更高的地方，建筑看起来要好很多。

迈克尔对此也有他自己的解释：这些坐落在底部的建筑物和住宅很可能在这些年来遭受水所带来的严重折磨。在一些情况下，要修复这些破坏、霉变和腐蚀的花费太高，以至于当人们搬走时也没人想买这些房屋。在其他的情况下，损坏严重到可以造成结构性的破坏。不论是哪种情况，最终的结果都是遗弃。而就像抛入池塘的一块鹅卵石会激起涟漪一般，一座被遗弃的建筑也会给整个街区带来不利的影响。

对于像迈克尔这样的景观建筑师而言，有一个能同时解决洪水和衰败问题的方案。那就是恢复至少一部分原来的水道。这样做可以创造绿色廊道，不仅是交叉穿过这座城市，也许还有区域内更大的范围。这些绿色廊道，反过来也将更好地引导水流，而曾经由于洪水而担惊受怕的地区将能拥有一处美好的社区财富。人们将能与水重新相连。

迈克尔已经参与了一支为磨坊溪研究和编制这一个规划的团队，提及这个计划他难掩激动。当你停下来仔细考虑时，这个想法看起来非常简单并且绝对正确：通过恢复我们部分水道的生态健康，或许我们也能恢复人类一部分的生态平衡。

备选方案当然也差不太多。更多的改道、截流和改造流域内的自然水流，但几乎无法避免地产生泄漏和洪水。最终，水总能取胜。

今天你可以在斯库尔基尔河里钓鱼，很多人都这么干，但也许你还是不应该吃钓到的东西（虽然也有很多人这样干）。这条河在上一代人的时间里已经干净了不少。美洲西鲱是乔治·华盛顿的军队在福吉谷的食物来源，又再一次出现在河中。鼓眼鱼也是，而且它还是对污染尤其敏感的鱼种。其他鱼类也重新出现在感潮的特拉华河中，数目不大但正随着清理河道工作的推进而逐渐增多。真的是让人惊讶，想想就在不久前的20世纪70年代这条河还毒物横流，而现在还有那么多的工业仍在它两岸。

有两种方式来理解这些返回的鱼类。一方面，它们回来是因为沿河的工业已经搬走，也带走了随之而来的工作机会和社区；另一方面，这些鱼是少有人预料到的、一次难以置信的生态复原的预兆。

这里不是一个有着壮观自然风光的地区。然而，特拉

图25　美景和工业。一处斯库尔基尔河运河纤道的视角。图片由作者所摄

华河谷地区比美国其他任何地方都集中了更多的生态类型区。从市政厅出发，一段两小时的车程可以将你带到几乎任何一种栖息地——从海洋、感潮盆地、盐碱湿地，到落叶的球果植物林，再到山区。

这里的两条河流特拉华河和斯库尔基尔河，毫无疑问是横穿大费城地区最为重要的自然地貌。正如建筑师阿兰·格林伯格（Alan Greenberger）所说，伟大的城市往往是建立在伟大的街道景观和自然风貌相结合的基础之上的。费城无疑拥有这些条件的第一个，但却在很大程度上挥霍了它的第二个条件: 滨水区。[23] 这座城市拥有将近 40 英里长的河滨，而整个区域加起来也不过几百英里。

这些河流本身并不在乎各州边界、县区界线和各种各样的市政管辖权限。因此，将特拉华河谷的人们重新联系起来是展望一个更伟大的区域协作和共同身份认同的重要途径。不论在其他方面我们怎样不同，我们都共同享有和依赖于这些河流。而在河流成为联合大费城地区线索的过程中，斯库尔基尔河，而非特拉华河，担当了引领的角色。

现在人们可以从中心城市沿斯库尔基尔河一路骑行或步行到福吉谷，然后从那里继续前往斯库尔基尔河流域。这条路线将带你穿过费尔芒特公园，沿着老斯库尔基尔河运河纤道穿过基本已经绅士化的马拉杨克，沿途还会经过诺里斯敦和康舍霍肯。

这是一段伟大的旅程，而且全程都有流水相伴。在这种行进速度下你可以真正地欣赏到河流的风貌，而且在不同的时节你还能驻足观赏野花，看到晒太阳的乌龟和亮闪闪的在树上飞来飞去的金翅雀。途中你还可以看到河流早期工业化的痕迹。也许斯库尔基尔河近期的转变中最引人注目的方面要数这些工业遗址是如何与风景融为一体的了。

以这样的方式让人们重返河流，已经帮助那些曾在工业化时代兴盛起来而之后又逐渐没落、现在仍在挣扎之中的小镇看到复兴的希望。诺里斯敦是蒙哥马利县县治所在，虽位于全国最富裕的县之一，诺里斯敦本身却是一个贫穷、衰败的小镇。然而，它未经开发和未被观赏的水滨可能是诺里斯敦复兴的关键。

作为一座拥有30000人口并仍在减少的小镇，多年来诺里斯敦有一些深层次的问题。不过一些开发商看准了它斯库尔基尔河水岸背后蕴藏的巨大机会。已经有艺术家搬进了一些带有河景的老厂房。[24]

沿河还有其他有着类似问题和潜力的小镇。当你骑行于自行车上，不难将斯库尔基尔河设想成一串项链，镶嵌着新兴的、生机勃勃的、有趣的小镇。它们都有着各自迎接这条河流的方式，而不是拒绝它。

斯库尔基尔河的下游回到费城，斯库尔基尔河发展署（Schuylkill River Development Corporation）有着同样远大的计划。初期阶段，它计划向南延伸原有的路线（称之为一条绿道）。一直往南，从东岸跳到西岸，经过巴特拉姆花园（Bartram's Garden）并继续到达18世纪的米福林堡（Fort Mifflin）。

不满足于此，SRDC设想将这条河变成一处伟大的市民公共空间，为音乐会和其他活动提供场所，举办首航仪式，开放往来的轮渡。大坝以上位于自来水厂的斯库尔基尔河段长期以来就是美国赛艇运动的中心。每年斯库尔基尔河上会举办30多场赛艇比赛，这比美国其他任何河流的两倍还要多，而且这些赛艇比赛每年都能吸引成千上万的赛艇手和赛艇迷。斯库尔基尔河现在的"海军"是占据着沿河船屋（Boathouse Row）的赛艇俱乐部联盟，正在规划到斯库尔基尔河的下游河段举办一些比赛来帮助提升对这段仍旧被遗忘水道的关注。

SRDC的总体规划，相称地冠名为"重新发现费城消失的河流"，充满了令人印象深刻的创想。这一规划不仅仅是将这条河看作一处娱乐场所，而是视其为振兴那些接近与特拉华河交汇处、斯库尔基尔河沿岸饱受煎熬的街坊和老工业基地的引擎。

落实这些梦想的确困难,而要确保其实现也将花费不菲。SRDC机智地将这个项目拆分成一系列更小规模、独立分开的子项目,每一个都在能力范围之内并且它的完成将为下一个子项目提供动力。读着"重新发现费城消失的河流",你不禁会感到振奋。这本就是一座伟大城市的一条伟大河流所应该有的样子!

而在感潮的特拉华河上,这样的计划目前还未出现。既未出现沿这条区域内主要水路的旅游路线,据我所知也没有将公众与它进一步联系起来的正式规划。它仍旧是一系列港口、运营中与遗弃后工业基地的拼凑品。费城一侧的近期开发要么完全为私人项目,要么更糟糕地就根本无视河流的存在。作为人们冷漠对待河流的一个例子,肯顿征用了数英亩精良的河滨房产来建造一座监狱。

但更近一段时间,肯顿的管理者们变得非常热衷于将其一侧的河岸重新开发成为一系列旅游景点的集合。肯顿河滨的大规模开发在一定程度上反映了它本身已经发生的遗弃和衰退水平,甚至那座监狱也可能很快就会搬到别的地方去。[25]

中心城区的复兴现在已经开始延伸到了特拉华河。几处大规模居住和混合功能项目的规划正在特拉华河沿岸诸如费舍尔敦(Fishtown)和布里戴斯伯格(Bridesburg)这样的社区展开。然而,尽管这些高楼大厦得以建成,但仍然缺乏确保河流本身能成为公共资源的规划。实际上，这些开发中最早的一个是高层、奢华的封闭式社区。

继续上行将能够更容易地走进这条河流，因为这里从未被切断到同样的程度。没有大型工业，也没有大规模公路项目。而正因这个原因，地区内的许多人将这一段的特拉华河看成真正的旅游景点，尤其是在夏季月份。准确地说，这一地区的后工业化旅游经济将围绕它早期工业化历史的遗址而建立起来：特拉华运河。

这条运河开放于1832年，运输各种驳船几乎正好整一个世纪。最后一条驳船航行于1931年。特拉华运河州立公园绵延60英里，囊括了运河从布里斯托尔（Bristol）到伊斯顿（Easton）这段靠宾夕法尼亚州的一侧。纤道仍然保留着，使人们可以沿运河舒适地步行或骑行。这里也还保留着一处船闸——11号船闸——当它最终被修好并可以运作时，驳船再一次驶上运河，不过这次装载的是游客。[26]

总体而言，如今对于费城市内和周边特拉华河河段的发展愿景都与旅游相关。特拉华河港口管理局是管理河流和桥梁的组织，宣布了一个针对水滨的市场推广战略。它以一项有些处心积虑命名的项目为开端：独立港。它的目标是向这条河流单日行程范围内的2800万人推销这条河流及其附近多种多样的景点。这一目标似乎在与巴尔的摩的内港竞争。项目顾问迈克尔·鲁宾（Michael Rubin）认为费城/肯顿沿线的旅游景点相较于巴尔的摩在数量上更多,在质量上也更好。"我们的船只比它们的在历史上更为重要,"鲁宾在2002年时说。"我们的老城好过它们的抛锚街(Fell's Point)"。[27]

这样看来,这种宣传——因而也包括整个计划——看起来有些问题,对于这么伟大的一条河流而言太过渺小。毋庸置疑,游客们肯定有充足的理由前来特拉华河,并且我希望他们一路上带来消费。但是将这条河流作为旅游者的主题乐园来宣传偏离了关键点,忽视了河流本身。

佩恩神圣的实验始于特拉华河,而他的城市则成长于河水之滨。特拉华河,以及斯库尔基尔河,在这一区域的发展进程中发挥了关键性的作用。只是在最近半个世纪里特拉华河谷的人们才忘记了他们曾经的水道。随着这一区域从工业化时代迈入后工业化时期,让它成为一个活力四射、富有吸引力的生活场所的一个办法就是让河流重新回到我们市民和公共生活的舞台中央。

毕竟,两条河一直都在。它们见证着一切。

第 5 章

用心描绘：展望费城区域

　　河边灯火通明的船屋，自由之钟，艺术博物馆，独立宫，伫立在市政厅塔楼之巅的威廉·佩恩。

　　所有这些都象征着费城。它们在视觉上是可以立刻辨识这座城市的符号，而且一旦有如此视觉提示的必要，它们就常被用到：在广告宣传里、在电视上促销镜头中，以及在费城体育节目转播的间隙。

　　它们之所以能够很好地达到效果，原因在于具有足够的视觉冲击力，并且它们每一个都是独一无二的。在一瞬之间，它们传送出"费城"的信号，不可能是其他地方。毕竟，虽然绝大部分重要的美国城市都有艺术博物馆，却没有一个像费城这样拥有一座卫城之上帕特农神庙式的艺术博物馆。

　　这些象征同样也提醒着我们，尽管所有的城市和它们所在的区域都组成了真实的实体空间，拥有可以度量的人口、经济活动、政治制度等，它们同时也是在想象中存在的。其实我认为这样说并不为过，城市与它们周边地区同样由文化元素的创造所界定——艺术家、摄影师、作家、建筑师、音乐家及其他人的作品——至少这与其他任何定义的方式相当。

我们可能生活、工作或游玩在特拉华河谷地区,但如果停下来问这个地方意味着什么,如果要我们为其他人描述这里,我猜我们会用一些有文化意义的隐喻。"它仍然是史泰龙饰演的洛基的小镇,"加里·汤普森(Gary Thompson)不久之前这样写道,提到了想象中与费城身份认同紧密相连的、也是最为重要的文化产品之一。

这正是城市应该有的样子。虽然人类最早可能是出于促进经济活动和保护自身的目的才集中生活在被称作城市的定居点中,城市却迅速地发展成我们认为与文明相关联的一切事物发生、成长的地方:数学与写作、艺术与音乐、政治与政府。所以,英语中的城市(City)与文明(Civilization)拥有同一个词根。

对美国、欧洲、亚洲或非洲的城市而言都同样如此。美国城市,尤其是那些重要的城市,早已成为并仍然是文化活力的源泉。大费城地区与美国其他大都市区的少许不同之处在于这整个地区,而不仅是这座城市本身,在什么样的程度上造就了这里的文化认同,并且这种文化又怎样反过来赋予这个地区某些特定的部分:一个明确的身份。

举例而言,我们都清楚"正线"这个短语背后的含义:老式的钞票、汤尼郊区、并非庸俗意义上的白人盎格鲁撒克逊清教徒。我们所指的,换句话说是《费城故事》里的凯瑟琳·赫本（Katharine Hepburn）。这部1940年的电影为正线地区创造了一个延续至今的印象，不论它在过去或现在的事实上是否可信。全国各地从未来过格拉迪怀恩（Gladwyne）或梅里恩地区的人们通过这部电影"知道"了正线。

20世纪费城曾被安上了一顶文化保守、停滞不前、乏味的帽子。举例来说：宾夕法尼亚美术学院作为一所画家和雕刻家的训练营，一直很好地保持着学术性。在20世纪里，美术学院似乎对现代主义或其后续者不感兴趣。第二次世界大战之后当纽约取代巴黎成为艺术界的中心，抽象主义如日中天时，美术学院却仍然遵循着其具象派和写实派的传统，看起来令人绝望地落伍，就像它19世纪的古典主义建筑一样。

事实上，这顶帽子严重地忽视了这个地区的许多文化产品。比如说建筑，弗兰克·弗尔内斯在如今看来明显是19世纪后期最具创新精神和狂野想象力的建筑师。一代人之后，豪（Howe）和莱斯卡茨（Lescaze）的事务所在1932年缔造了费城储蓄基金（PSFS）大厦，美国第一座国际主义的摩天大楼。又一代之后，一个费城建筑流派围绕着成长于北利伯蒂的天才路易斯·康聚集起来。而当路易斯·康正在发展他的现代主义风格时，来自南费城年轻的罗伯特·文丘里（Robert Venturi）开始构思他的著作《建筑的复杂性与矛盾性》（Complexity and Contradiction in Architecture），这本书被许多人视作后现代主义的启蒙教材。

甚至在那座古老的美术学院,曾经被不屑地看成是无聊乏味的做法现在则被视为一种智慧。当一群时髦的纽约艺术家,包括威尔·柯顿(Will Cotton)、迪莉娅-布朗(Delia Brown)和盖伊·理查德·史密特(Guy Richards Smits)聚集在一起创作写实派绘画时,他们中的一个力劝其他人去宾夕法尼亚州美院。"你一定得去,"他说,"那里是全美唯一一个没有丢掉他们[19世纪]石膏雕像的地方"。[1]

考虑到这顶帽子同样忽视了费城对于黑人文化的重要地位,对文化保守主义的指责可能也带有一点种族主义的倾向。费城是18世纪后期与19世纪早期美国第一个黑人知识分子团体的故乡。20世纪中,以音乐为例这座城市成为像赫敏博德(Dixie Hummingbirds)这样多元化音乐家的大本营,他的创作重新定义了福音四重唱、约翰·柯川等音乐。

即便如此,以一长串特拉华河谷地区对我们文化生活的丰富贡献来反驳这种指责的话,我猜也偏离了重点。那些批评费城文化沉闷乏味的人真正想说的是这座城市从未发展出一个有自我意识的先锋派,宣告自己是全新、叛逆的代表,并且特立独行。费城从未培育出一种波西米亚式的文化。这是实话,但是塑造费城的艺术家、作家、音乐家们有一套稍微不同的关注点。它们来自于这个地区的历史和传统,而这些历史与传统反过来又塑造了这个地区的自我身份认同。

我们可以在这个地区的文化发展中看到已经讨论过的一些主题——历史和当下之间的相互作用，对于宽容和多元的乌托邦式追求，谦逊的自然景观特性和人类与它的互动方式，以及也许是最为关键的高雅与世俗之间的交集。请记住，毕竟《费城故事》断然不是关于"富人和清教徒生活方式"的故事。它是看起来专横的凯瑟琳-赫本自我取笑的一个喜剧故事。《费城故事》让观众们能够嘲笑赫本，而不是和她一起嘲笑别人，并进一步地让我们这些草根大众能有机会取笑高高在上的精英们。

这里在某些方式上仍是一个洛基小镇，因为这部电影描写了这个城市的一种情愫：尽管一个来自南费城工人阶层的流浪汉在挣扎中失败，他仍然可以受到英雄般的爱戴。这部电影标志性的时刻是洛基跑上费城艺术博物馆的台阶，张开他的双臂做出了一个几乎是征服性的姿势。高雅与世俗之间的碰撞从未如此富于戏剧性。[2]

因此，这一章节中我们将会回顾费城人是怎样展望这个地区，并将他们的愿景呈现给我们。

在合众国早期，费城既是美国的政治和金融首都，也是文化首都。这里诞生了美国第一处重要的文化机构皮尔博物馆。查尔斯·威尔逊·皮尔（Charles Willson Peale）是开国元勋中的一位，同时也是他们的画师。他以及他显赫的家族为许多18世纪后期从费城走出的杰出人物创作肖像。

皮尔深信这个初生的国度急需一座博物馆，并且将落实这件事视为己任。这座以他名字命名的博物馆收藏了一批精美的、包括一副乳齿象骨架在内的自然历史标本,展现了美国的自然奇观以及一套反映这个新兴国家杰出人才的人物肖像。

对于皮尔而言,建立一座博物馆是民族大事,可以彰显美国所拥有的科学和艺术,从而不用在意欧洲人怎么评说。他同样相信在一个美德取决于其公民智慧的国家中,一座博物馆将会担当重要的教育功能。在一次演讲中,皮尔解释了自然历史标本为何对这个国家意义重大:"农民们应该知道如果不是蛇捕食田鼠和鼹鼠,他们的农田就会毁坏……对于商人们而言,对自然的研究同样能引起他们的兴趣,他们的买卖要么来源于自然资源禀赋,要么是经过精巧的手艺制作而成……机械技师则应当对他们用以创作的原材料的特质有精准认识"。[3]

农民、商人、机械技师是18世纪后期美国社会的写照,而皮尔认为他的博物馆将为他们所用。

皮尔博物馆没能延续到19世纪中期,但他民主的、有教育意义的愿望留了下来。19世纪的费城成为美国各类机构建设的摇篮,而几乎所有这些机构都将为创造共和社会而展开的民主教育视作自己的责任。

举例而言,费城自然科学院是某种意义上皮尔博物馆的继承者,也是美国最古老的连续运作的自然历史博物馆。由一群费城的绅士建于1812年,费城自然科学院于1826年向公众开放它的博物馆。它是费城一个备受欢迎的景点：在这里参观者们可以看到非常丰富的、标注好的自然标本，并以一种反映造物主创造自然世界的顺序陈列起来。而且这座非凡的博物馆还是免费开放的。1867 年，费城自然科学院因为展出鸭嘴龙而夺下另一项第一。这只鸭嘴龙发现于新泽西，是美国第一只被发掘出来的恐龙，并在当时产生了空前的影响。在那时，自然科学院开始收取入场费以试图控制不断涌入的人群（有人担心这栋建筑自身会由于承受不了如此多参观者的重量而倒塌），但并未奏效。1869 年，将近 10 万人穿过了自然科学院的门厅，很多人并不是来看那些填充好的鸟类标本和被钉子钉住的昆虫标本。

自然科学院的美术馆向公众开放的 2 年前，1824 年 W·H·基廷（W. H. Keating）和萨缪尔·沃恩·梅里克（Samuel Vaughan Merrick），两位年轻的费城机械技师，建立了富兰克林学会（Franklin Institute），并"对所有对科学感兴趣的有智慧、品格高尚和富于进取心的男人和女人们"开放会员注册。[4] 在它于 1920 和 20 世纪 30 年代逐渐演变为一座科学与技术博物馆以前，富兰克林学会举办讲座、提供课程，而且还出版过一本杂志，而所有这些活动都围绕着"机械工艺的推广"这一目标。在工程学校和职业训练项目出现以前的年代，富兰克林学会向无数的费城机械工人提供了这种教育，而他们反过来又为这座城市成为工业创新的前沿中心作出了巨大的贡献。

其实，现在看起来高傲而精英化的费城艺术博物馆，也是从一个艺术与工业相交、美丽与实用并重的机构演变而来的。宾夕法尼亚博物馆（20世纪30年代前它的名字）紧随1876年世纪庆典之后在费尔芒特公园建立，并安置在费城纪念堂中，直到1928年它搬到位于本杰明·富兰克林公园大道尽头的"新"建筑。

在宾夕法尼亚博物馆时期，它同样也管理着费城工艺美术学校。博物馆和学校两所机构并驾齐驱，共同致力于展览和教授各种"应用到工业中的"艺术门类。作为一个工艺美术教育的重要中心，博物馆和学校希望能以具体、实用的方式为费城的工业经济做出贡献。因此，博物馆设想中的受众不只是，甚至不主要是，权贵阶层；不是"那些通过学习或旅行培养审美品位的人，"而是"我们的公民大众、工匠和机械技师，对于他们而言这里是唯一可以接触到的教育来源"。[5] 当工人们被拒绝进入纽约的大都会博物馆时——这是一个精英主义的场所——宾夕法尼亚博物馆则欢迎他们前来。在费城，高雅与世俗之间的文化边界一直以来都非常灵活。

尽管费城拥有许多可以将它们的起源追溯到19甚至18世纪的机构——除了我们刚讨论过的博物馆外，还有美国哲学协会、图书馆公司、宾夕法尼亚历史协会——它们都经历了成长、演变和改变，以应对新需求、新顾客和新情况的要求。

除了一个。

在宽街以西，第七街和蒙哥马利街的交角处，在一个危险的北费城街坊里坐落着瓦格纳免费科教研究所。这座建筑在这片邻里中显得很突兀,这里基本上充满了多数大不如前的 19 世纪后期联排住宅。但瓦格纳并不雄伟或在任何意义上显得张扬。大窗户、简洁的新古典主义山墙——它看起来更像是一座简单的 19 世纪长老会教堂。

然而一旦踏入大门,你会感觉如魔法般地被送回了 19 世纪。

1855 年,威廉和路伊萨·瓦格纳(William and Louisa Wagner)为了向社会大众提供科学课程和讲座而创办了他们的免费科教所。威廉·瓦格纳通过为史蒂芬·吉拉德(Stephen Girard)做副手发家致富,后者对民主教育的贡献是捐赠建立了一所至今仍然以他冠名的孤儿学院。

瓦格纳的建筑包括了一间配备了展示仪器的讲演厅和一间参考书阅览室,它们都位于一层。在顶楼一间宽敞的像谷仓一样的空间里,瓦格纳安排了一间华丽的自然历史博物馆画廊。这间画廊包含着很多大大小小的生物原始标本,从蛤蜊化石到腌渍鱼,再到剑齿虎。

令人惊讶的是这些东西现在还在,基本上没什么变化,就和它 19 世纪末时的样子一样。更让人吃惊的是瓦格纳周边有如此多的事物发生了巨大的变化。当然,科学的世界与瓦格纳玻璃盒中精心陈列和细致标注的标本并不完全一致。现在的科学博物馆也已变成了非常不同的场所,到处都是科技进步的发明、小孩子的游戏以及各式各样让科学变得有趣的事物。

瓦格纳所在的街坊同样也经历了从经济繁荣到衰落、

人口增长到缩减，以及种族演替和暴力的完整循环。1964年，瓦格纳科教所成立100周年后不久，就在几个街区之外，爆发了费城20世纪60年代最为严重的种族暴动。但是瓦格纳科教所仍然继续着他们的日常工作。在建立的150多年之后，坐落于北费城街坊的瓦格纳成为这个国家最为古老、连续运作的成人教育项目。

瓦格纳科教所无疑是美国19世纪博物馆的典范，而且它是这个地区里我最喜爱的机构。它从未获得过大量的捐赠或资助，所以我认为它对过大改变的顽固拒绝是值得尊敬的，而且它对其使命的投入极具英雄主义。我同样认为没有比瓦格纳免费科教所更好的地方来观察——来感受——驱动费城人19世纪建立这些文化机构的动力。

19世纪，尤其是内战以前，费城人培养了美国许多的艺术家。一部分进入了宾夕法尼亚美术学院，另一部分则穿行于城市中参加多种多样的文化和知识活动。

但是即便如此，直到内战之后这座城市才诞生了一位名副其实的费城画家，他的创作来源于这座城市的生活本身，而且他的作品反过来帮助我们将这种生活在我们的想象中固定下来。这位画家，自然就是汤姆·艾金斯（Thomas Eakins）。

艾金斯在费城出生长大。他是这座城市中央高中（至今仍然是宾夕法尼亚州最好的五所高中之一）许多著名毕业生中的一位，就读与宾夕法尼亚州美术学院，也在巴黎学习过一段时间。但除了这次旅居经历，他基本上没有离

图26 他们年代里的英雄。托马斯·艾金斯描绘了在这座新兴工业化城市中成功的费城人,比如赛艇冠军麦克斯·施密特。托马斯·艾金斯,《冠军的单人划艇》(麦克斯·施密特在一只单人划艇中)。大都会艺术博物馆藏,购于阿尔弗雷德·帕奈特捐赠基金和乔治·帕瑞缇藏品,1934年(34.92.)。大都会艺术博物馆版权所有

开过这个地区,即使有也只是短暂的逗留。

19世纪70年代,艾金斯以他对斯库尔基尔河赛艇手精妙绝伦的刻画和为费城杰出人物所创作富有冲击力的肖像在艺术界崭露头角。这些至今仍是他最为知名的作品。通过这两类创作,艾金斯开始描绘他认为的现代费城,这个充满了活力与激情的地方的精神与内核。

正如艺术史家伊丽莎白·琼斯(Elizabeth Johns)所做的精彩说明,艾金斯被赛艇所吸引缘于他了解这一运动对参与者的良好体能训练和掌控平衡、团队协作以及把握时机的要求。[6] 船只本身——那些小划艇——是全新的、

精美的工艺设计和工程作品，使得赛艇手们能够在水上顺畅地划而几乎不泛起涟漪或留下任何航迹。操作得当，并且运用到技巧，赛艇这种新式运动将最新的科技创新与运动的优雅结合起来。于是费城迅速成为美国赛艇运动的重要中心。艺术性和机械工艺再一次和谐共存。

艾金斯所绘的不只限于冠军赛艇手麦克斯-施密特和比格林兄弟（Biglin Brothers），还有河流本身。正如第5章中所讨论过的，自来水厂水坝之上的斯库尔基尔河河段两侧都被费尔芒特公园所包围。在建立这座公园时，费城不经意间创造了全国最风景如画的赛艇场所——一条宽敞、易于划行的河流，从经过美化的绿树间蜿蜒数英里长。艾金斯将这条河流与赛艇手们一同描绘了出来。

所有这些元素都表现在《麦克斯·施密特在一只单人划艇中》。艾金斯在施密特停下来休息时捕捉下了他的神态，回头望，双手还握着桨，放松却英气逼人。艾金斯通过将我们放在施密特水平视线上进一步把我们置于赛艇手的世界中，看起来真的如在河中，好像艾金斯在旁边的一艘船上架起了一张画板一样。但是他在这一点上戏弄了我们，因为他出现在了河上更远处的一艘划艇里。通过将他自己加入这张画中，艾金斯强调了他同样也是赛艇手和赛艇运动世界的一部分。他理解画的是什么。

除了河流与河岸，艾金斯也向我们展示了这条河流上横跨的几座桥梁。这也是工程和工业发展成就的见证。艾金斯没有通过构造一个虚假的田园景象来隐藏工业化的城市,而是选择展现一副人类与自然、工业与田园和谐互动的场景。

从表面上来看,《格罗斯诊所》则是另一种完全不同的绘画。现在我们站在画中,而不是画外,注视着一副满是阴影和黑暗的沉重场景。格罗斯医生(Dr. Gross)影影绰绰地向我们靠近,占据了画面舞台的中心位置。"舞台"这个词并非不当,因为画中我们正身处一间手术台房间中。格罗斯医生正在手术室中边做手术边为一群医学生讲解。而艾金斯也在这里,将他自己画成了观看这场手术的学生之一。

这个画面以它的生动抓住了我们的眼球。病人深陷的伤口、露出的大腿与臀部,可怜的母亲畏缩在一角。其中最引人注目的是,艾金斯画笔下的格罗斯医生手持小刀,沾满鲜血。这个场景里没有任何委婉或粉饰的部分。这就是现实中一名正在工作的外科医生,学生面前的一名老师,而工作和教授的对象是肉体、血液和骨头。

尽管这两幅画之间存在明显的差异,《格罗斯诊所》与《麦克斯-施密特》共同拥有对展现现代的、进步的费城及其优秀市民的关注。费城在当时已经成为一座医药和医学研究(至今仍是)的国际重镇,而格罗斯医生则是照亮那个时代的光明人物之一。在他事业的巅峰时期,艾金斯以一种写实的手法来刻画医生。但是艾金斯也展示给我们一项近乎奇迹般的医学创新。仔细端详病人由于透视而变短的全身,你会注意到他的头被一块布遮住。我们可以意识到，这块布被氯仿浸润了，而手拿这块布的是一位麻醉师。这是一项创新——仅仅 10 年前，在内战时期外科病人们仍只能紧咬弹夹、喝下威士忌酒来减缓疼痛。现在，艾金斯向我们展示，手术操作已经进入了一个全新时代。即便我们对鲜血和骨头感到不安，病人却察觉不到任何疼痛。

画中的医生与运动员在一些方面是相同的。他们的名气和声望完全来自于他们自身的优秀成就。没有人因为不劳而获的特权，或仅仅因为富有而享有他的社会地位。实际上，尽管艾金斯是这个国家曾经诞生的最有才华的肖像画家，他从未对用画笔纪念费城的贵族和老财主们感兴趣。和费城上层社会间的紧张关系，以及他允许宾夕法尼亚州美院的女学生对男性人体模特作画所引发的事件，让艾金斯丢掉了他在宾夕法尼亚州美术学院的教职。艾金斯被那些完全通过才能与勤奋工作而在现代城市中获取成功的人所吸引。他从未获得过为本杰明·富兰克林这一费城最伟大的象征画像的机会，但他的确为老沃尔特-惠特曼这位当时居住在河对岸卡姆顿的米克尔（Mickle）大街没上过学的无产阶级诗人，创作了一副最值得载入史册的肖像。

斯库尔基尔河每年吸引全国最多的人前来划船和观看赛艇比赛。但他们并不完全是为了斯库尔基尔河而来，至少对那些看过艾金斯关于赛艇画作的人来说是这样。拍照会永远地改变所拍的地方，因而我们需要亲自来到艾金斯笔下的地点去观看赛艇在水面上滑行，直到我们所见正如他所见。

艾金斯的工作室现已不存在了，它作为基米尔（Kimmel）中心建设的一部分而被拆除，现在成了费城交响乐团的新家，但他的住宅现在仍保留在弗农山街（Mt. Vernon Street），并依旧是一处艺术活动的中心。不夸张地说，费城最伟大的接收古典方式训练的画家曾经居住的地方，现在是这个国家正在进行中的最富活力的公共艺术项目：壁画艺术计划的总部所在地。在1729年的弗农山街，高雅与世俗、过去与现在，每天都在交汇。

始于1984年的壁画艺术计划是费城反涂鸦联盟针对当时在许多城市街坊中扩散的涂鸦问题所做努力的一部分。这一联盟聘请了壁画艺术家简·戈登（Jane Golden），并请她说服涂鸦作者转变风格而成为壁画家。

这一项目成效显著。涂鸦虽从未完全消除，但开始急剧减少，而壁画则开始在城市的大街小巷中越来越多。到1996年，戈登成为独立的壁画艺术计划的领导人。这个教育项目每年影响到超过1000名年轻人，每年大约聘请300名艺术家。壁画艺术计划可能是这一地区规模最大的视觉艺术家的雇主。这一项目反过来创造了自己的非营利组织，即壁画艺术提倡者，后者的使命是与年轻人合作促进街坊的复兴。

这个想法很直白，也有功利性。考虑到空置建筑的庞大数目，尤其是城市周边的老工业区，这里有数不尽的能吸引涂鸦客的墙面。涂鸦反过来又在街坊中造成了一种这里正在衰败、被遗忘而且无人关心的印象。

戈登与她的年轻壁画家队伍还有街坊领导者一起，选择这样一处墙面——常常是建筑正对着一个空置停车位的一面——用壁画来覆盖它。壁画艺术计划的早期作品看起来像家庭自制和业余的。它们确实是这样的，至少在对比之下而言。但这些壁画随着项目的扩大、发展和成熟也发生着同样的变化。在专业艺术家的协调之下，它们现在可以吸纳多样化的人物、采用断裂的视角，并涵盖了从写实到抽象的各种风格，可以有 3 或 4 层楼高。最为关键的是这些壁画代表了费城——你基本上能在任何街区里找到它们，而画里的面孔和人物都是这座城市的象征。

我觉得公共艺术能给我们带来两种主要的享受。第一是公共艺术能以意料之外的方式将城市和街道空间变为怪诞的舞台，提供了让我们同时以不同的方式看待艺术和城市的可能。其次，公共艺术能够打破我们的日常生活，让我们停下来，哪怕只是短短的一小会儿，跳出前一刻占据我们脑海的琐事。当然所有的艺术都有这种作用，但是公共艺术最让人惊讶。

在此意义上，现在那些遍布费城几千平方英尺墙面的壁画是了不起的公共艺术。他们是各种平凡地方出现的不平凡，而当你和它们正面相遇时，它们能让你目瞪口呆。去参观一下费城自己的帕蒂·拉贝尔（Patti LaBelle）壁画吧，她有 30 英尺高，在动物园旁面对着三十四街，看看它是不是让你的旅行变得更有意思了。现在每年的 10 月份被设为费城的壁画艺术月，有大约 500 个本地和外地人前来参加壁画游览、讲座和工作坊活动。费城现在已经成了全国闻名的壁画之城。

壁画项目意料之外的成功,以及它受到费城各界人士的欢迎,为自己创造了一个讽刺。壁画从来就不是这一项目本来的目的。让孩子们参与有意义的活动,为艺术家们提供工作,为街坊带来值得骄傲的事物——这些才是壁画艺术计划真正的目标。壁画本身只是实现这些目标的手段。

然而这些壁画,已经得到非常多的喜爱。在城市里目前正在复兴的一些区域,这些壁画有时会受到新建设项目的威胁。在某些意义上帮助过这个街坊的壁画,反过来成为这种成功的受害者。在一些案例中,对那些希望重新繁荣起来却不愿失去它们壁画的街坊而言,这是一个真实存在的难题。当红十字会在西费城一处空置的停车场建起一栋新建筑时,覆盖了一张我最喜欢的壁画。这张壁画刻画了一个年轻的、大约五岁的黑人男孩,一只手举过头顶,旁边的标语写着:"我不是一个人"。这句话来自肯顿的人民诗人沃尔特-惠特曼,而我情不自禁地相信当看到他的诗句被用在这幅壁画中时,他会感到由衷的高兴。红十字会后来也意识到这幅壁画的精妙完美之处,并将它重新绘制在了新建筑的立面上。

正如费城的许多事物一样,公共艺术也拥有悠久的历史,至少可以追溯到1792年当本杰明·富兰克林的大理石雕像被高悬在图书馆公司的主入口时。这座建筑早已不在,但这座雕像仍然保存在莲花街(Locust Street)图书

图27 沃尔特·惠特曼在卡姆顿的米克尔大道度过了他生命中的最后时光。他的精神永远长存于西费城的 Powelton 大道。图中的壁画取代了画在一座房屋上一个更早的版本。壁画仿制于西德尼·古德曼（Sydney Goodman）的画作。壁画艺术项目供图

馆公司的入口处。自那时起，费城人就拥有了公共艺术。

　　这样的结果是产生了一套让美国其他城市嫉妒的雕塑、纪念碑、小品装置，甚至是灯光设计作品。随意地在城市中闲逛，你可以汗都不流就见到克拉斯·欧登伯格（Claus Oldenberg）、雅克·利普西兹（Jacques Lipshitz）、

卡尔德（Calders）、乔治·席格（George Segal）和路易丝·内威尔森（Louise Nevelson）的作品。特拉华河谷没有大型的雕塑公园，但在某种意义上费城本身——尤其是中心城区——就是一个伟大的室外艺术场。胜过其他任何美国城市，公共艺术是费城人日常生活中的一部分。

当查尔斯·希勒（Charles Sheeler）开始画家职业生涯时，他与托马斯-艾金斯对现代性有着不一样的认识。希勒是艾金斯后一辈的画家。当希勒前往宾州美院求学时，艾金斯已处晚年并早已不在美院教书了。席勒不是成名于现代世界，而是摩登时代，即20世纪初现代主义潮流令人振奋地席卷艺术和文学界的时期。

希勒同他的朋友画家莫顿-萧姆伯格（Morton Schaumberg）在第一次世界大战后一道前往巴黎，在时代的中心体验这一潮流。返回后的他有些没有头绪，虽然仍扎根于19世纪的写实传统，但目睹了欧洲现代主义的离经叛道之后，他不知道该怎样继续他在宾州美院所受的训练。处在困惑之中，他开始了在巴克斯县多伊尔斯敦（Doylestown, Bucks County）的日子。

希勒后来成了美国最有趣的现代主义画家之一，作品展现出一种干净、锐利的现实主义风格，有些人称其为"精确主义者"。他最广为人知的画作应该是那些有关美国工业的作品，比如《翻滚的能量》，还有来自于福特一套自创摄影作品的有关亨利·福特罗格河工厂（River Rouge）的一系列画作。

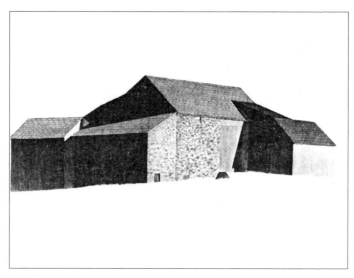

图28 18世纪现代主义作品。查尔斯·希勒通过观察巴克斯县18世纪的景观和建筑而发展出了他自己的现代主义视角。查尔斯·希勒,《巴克斯县的谷仓》。惠特尼美国艺术博物馆藏。范德比尔·惠特尼捐赠作品。照片版权 ©1997: 纽约惠特尼美国艺术博物馆

希勒在多伊尔斯敦开始形成自己的视角。他被巴克斯县的农业景观,尤其是当地18世纪和19世纪的谷仓与农庄建筑所吸引,并租下一间农舍作为他的巴克斯县工作室。

不难看出希勒眼中巴克斯县建筑的迷人之处——荒凉的简洁、纯功能性的几何构造、统一的建筑材料。在一些谷仓的素描中,他将这些建筑画成飘浮在空中,脱离任何自然景观,只是独立存在的事物。他的第一位自传作者康斯坦斯·鲁克(Constance Rourke),在1938年描写希勒在多伊尔斯敦租住的房子时写道,"这里面有粗壮的大梁、简单的嵌板、深陷的斜面窗洞……一切都很明亮,墙

壁尤其白亮，它只可能是由新鲜的熟石灰所创造。"

鲁克所作自传的题目很好地概括了希勒的成就。她将之命名为《美国传统里的艺术家》，所强调的是希勒将现代美学与美国历史的本土材料相结合的能力。在鲁克的自传中，希勒从欧洲回国后不久即开始在多伊尔斯敦进行创作，"通过他对巴克斯县建筑形式的运用，以及他对在那附近所发现的手工艺或多或少的有意学习来融入主流"。[7]

为了创造美国的现代主义，希勒向过去的样式寻求答案，并且坚定地望向巴克斯县的农民所塑造的过去。对于希勒而言，在塔巴克斯县作品中过去与现在无缝衔接。如此而言，在本书第3章中讨论过的意义上，他是一个彻彻底底的费城人。

在我刚刚引用的那篇文章中，鲁克提到不仅巴克斯县的建筑，而且它的"手工艺"都在希勒的作品中扮演了重要的角色。她没有提到在多伊尔斯敦时期，希勒通过亨利·梅瑟（Henry Mercer）为这些手工艺做了精彩的介绍。

当希勒租住进梅瑟隔壁的农舍时，梅瑟已身处晚年。他来自一个古老的多伊尔斯敦家庭，拥有独立生存的一技之长。从哈佛毕业之后，他曾涉足法律却最终成为一名考古学家——他是宾夕法尼亚大学考古与人类学博物馆的最初几位馆长之一——1890年开始投身到他毕生的事业中去。

梅瑟成了一名收藏家，而且他在巴克斯县的乡间苦苦寻找着这个前工业时期小镇在18世纪及19世纪早期曾在此兴盛的农业生活"手工艺品"。回忆着这一段时期，梅瑟以一种近乎顿悟的口吻记载了他从考古学家向收藏家的转变：

"那大概是1897年春天2月或3月的一天，我到一位朋友的家中，他习惯于前去乡间集市并在最后一分钟买下人们所称的"一分钱小件"，这是指那些没有价值、被视为无用的废旧器件或物品……上面提到此次拜访的目的，是为一个老旧的壁炉购买一把火钳，但当我走进一大堆杂乱摆放的四轮马车、橡胶树盐盒、亚麻刹车（flax-brakes）、麦秆做成的蜂房、锡制的晚宴喇叭（horn）、制绳机与手纺车……我立刻被一种全新的热情所支配，赶忙开始在特拉华河谷这一侧的乡间到处寻找，在烘焙箱、马车房、地窖、干草棚、烟熏室、阁楼和烟囱的角落里四处翻找。"[8]

最终梅瑟的热情造就了一批数以千计的藏品，陈列在多伊尔斯敦中心一座专门为此建立的博物馆中。这是一座完全由混凝土浇筑而成的、精妙而古怪的莱茵河式城堡。而且我可以非常自信地这样说，没有其他任何的美国博物馆像梅瑟博物馆一样。假如你还未去过那里，那么在你进入时请注意保护好脸颊，因为你的下巴肯定会掉到地板上。

梅瑟并不只是出于对古董的喜好，或是那些影响人们强迫性地进行收集的原因，才奔波于巴克斯县的郊野的。针对他的疯狂有一种办法解释，或者至少他认为存在着原因。梅瑟坚定不移地相信他所收集的物品——他在回忆中列举出的那些——阐明了宾夕法尼亚州的历史。反过来，他同样坚定地相信宾夕法尼亚州的历史代表了美国的历史。他在自己第一场公共展览的目录中写道："很大程度上，宾夕法尼亚州东部及其巴克斯县的故事就是整个国家的故事。这也是为何那些印第安纳州、堪萨斯州和密苏里州的建立者们带着富有感情的好奇，返回到特拉华河岸来找寻他们祖先的出生地"。[9] 梅瑟将这次展览称作"国家建立者的工具"并非没有理由。

梅瑟也希望用他的收藏来重新引导美国人理解自身历史的方式。不同于聚焦于伟人和重要的历史事件，梅瑟希望普通人和他们普通的工作被视为这个国家历史的重点。在一次演讲中，他拿出收藏的一把斧头并提出了他的设问："你可以去费城的独立宫，站在《独立宣言》签署的房间里仰望那些签署者们的肖像。但是你认为在那里会更接近这件事情的本质吗？或者你在这里意识到通过1万只手臂，握着这样的斧子，以巨大的劳力和努力，砍倒北亚热带里最大的一处森林以获得一份《独立宣言》是值得的？"[10] 因此他的博物馆成为巴克斯县的移民和农民、做着平凡事情平凡人们的一处纪念碑。梅瑟相信，在这些活动中存在着这个国家真正的历史。

虽然肯定存在，但我们对于梅瑟和希勒在画家停留多伊尔斯敦期间有何种深度的交谈和分享不得而知。他们两者都从巴克斯县的自然景观及人类行为对它的塑造方式中，体会到极为重要的文化意义。希勒看到了现代主义的希望，而梅瑟发现了历史的价值，他们都对巴克斯县的谷仓和建造者们的手工艺进行了探索。

虽然费城培养了数量惊人的画家和雕塑家,虽然它诞生了一些19世纪和20世纪最为重要的建筑师,虽然它拥有几乎每一种类别的音乐家,但这里依然没有出现过任何本地的文学流派,更不用说像芝加哥和波士顿所拥有的那样。

但巴克斯县有。自19世纪末期开始,有少数几位画家在巴克斯县出了名,但作家其实更为显赫。在20世纪来到巴克斯县的作家们从未形成一个群体,而更像是一个松散的联盟。在20世纪30年代报道过西班牙内战并由于50年代的作品而被麦肯锡主义者列入黑名单的记者约瑟芬·赫布斯特(Josephine Herbst),是最早来到巴克斯县隐居的著名作家之一。后来追随她来的还有编剧和滑稽演员S·J·佩雷尔曼(S. J. Perelman),以及他的妹夫纳撒尼尔·韦斯特(Nathanael West)。正如通常故事那样,他反过来又说服多萝西·帕克(Dorothy Parker)和她的丈夫阿兰·坎贝尔(Alan Campbell)——另一位编剧——于1936年搬到巴克斯县。大约与此同时,一位哈莱姆文艺复兴(Harlem Renaissance)中的重要人物,诗人詹·图默(Jean Toomer)也搬到了巴克斯县并在那里居住到1967年逝世。

剧作家乔治·考夫曼(George Kaufman)在一个叫作巴利谢夫农庄的地方安家,这里现在变成了一处住宿加早餐旅店,而他当时还招待过约翰·斯坦贝克(John

Steinbeck)和马克思(Marx)兄弟。考夫曼与同行作家与邻居莫斯·哈特(Moss Hart)合作写了《乔治·华盛顿在这里下榻(George Washington Slept Here)》,这一作品成了若干年后电视连续剧《绿色田野》(Green Acres)的原型。

成长于多伊尔斯敦的詹姆斯·米切纳(James Michener)则在20世纪下半叶成了巴克斯县最为成功的作家。在创作出最知名的史诗巨作之前,他以短篇小说集《南太平洋故事集》获得了1948年的普利策奖。米切纳与奥斯卡·汉默斯坦(Oscar Hammerstein)合作,后者同样也搬到了巴克斯县,他们一道将这些短篇小说改写为了音乐剧《南太平洋》。汉默斯坦这位百老汇有史以来最为成功的二重唱组合的半壁江山,据我所知连俄克拉荷马州都没有去过。剧中长得与一只大象眼睛一样高的玉米实际上长在离多伊尔斯敦不远的一处农田。

很明显上文列出了一群富于才华、成就令人佩服的作家,但其实并未包括巴克斯县最国际知名并受尊重的作家。这一殊荣属于赛珍珠,她在1935年搬进了巴克斯一座19世纪农场住宅。

赛珍珠出生于1892年,在其传教士父母的抚养下于中国长大——说中文和英文——她在中国度过了早年生活。她与家人在1900年义和团运动中撤离到上海,在1927年的南京事件中,她在隐藏中度过了恐怖的一天。她最后于1934年离开了局势不断恶化的中国,并前往巴克斯县。

她抵达时已是文学界知名人士。她在20世纪20年代出版了几部短篇小说集和一部小说[《东风、西风》(*East Wind，West Wind*)]，1931年出版了《大地》。这是一部惊世大作，是1931和1932年美国最畅销的小说，为赛珍珠赢得了普利策奖和豪威尔勋章。1937年，米高梅公司将其拍成了一部它们做过的最昂贵的电影。这让赛珍珠获得了1938年的诺贝尔文学奖，使她成为获此殊荣的第二个美国人，也是第一位美国女作家。

这对任何人而言已经是一段丰硕和成功的职业生涯了，但对赛珍珠来说这仅仅是开始。《大地》既代表了她作为一名作家的职业生涯，也成为她1973年逝世前所致力工作的象征。通过《大地》，更多的美国人——更多的西方人——了解了中国。根据联合国的统计数据，《大地》与赛珍珠关于中国的其他著作被翻译成了比其他任何美国作家都多的语言。赛珍珠展现给我们的不是一个异域、遥远、难以理解的中国，而是一个有着勤奋工作的佃农、挣扎的农民和背着孩子在农田中劳作女人的中国。一个深深充满人情味的中国。

赛珍珠在美国投身于支持社会正义和种族平等的事业，同时也作为跨文化交流的桥梁积极活动。她与埃莉诺·罗斯福（Eleanor Roosevelt）合作为NAACP的杂志《危机》撰写文章，并担任霍华德大学的理事董事会成员达20年。早一辈的女权主义者——贝蒂·弗里丹（Betty Friedan）的《女性的奥秘》(*The Femine Mystique*)的第一版得到了赛珍珠的大力支持。由于对美国收养代理机构拒绝接收亚裔或混血的儿童感到异常愤怒,她在1949年建立了世界上第一所国际化、多元种族的收养代理机构(Welcome House)。虽然她获得的是诺贝尔文学奖,但她同样有资格获得诺贝尔和平奖。

而在这所有之外——会议、组织、出差、持续的游说和演讲——她还挤出了时间用于写作。事实上在逝世前,她已写了超过70本书,几乎囊括了各种体裁——小说、传记、自传、童话、诗歌、戏剧以及中英翻译。这可以说是20世纪最令人赞叹的生命之一,而当去世时,她让人将她葬在自己巴克斯县的农场里。这里现在成了一处博物馆,是赛珍珠国际协会的总部,继续致力于她生前开创的事业。[11]

这些作家,以及那些从巴克斯县走出的画家,他们无疑是带着各种各样的原因来到这里。也许是因为这里廉价的房产,以及与两个伟大都市的接近。但是我猜测他们也在巴克斯县的农业景观中找到了独一无二的地方特色,这里散布着农舍和紧凑的小镇,促进了他们作品的创作。甚至连玉米地都被证明可以激发灵感。

而现在大部分的这些景观都已消失了,随着席卷大部分巴克斯县的郊区扩张而被填埋、铺平。几年前我在读到纽顿镇(Newtown)的一个小争议时,对这种郊区扩张带来的辛酸深有感触。镇上的官员在开发商做出了妥善保护18世纪谷仓的承诺之后,同意他们在一处农场土地上建造一些麦氏豪宅。然而后来令人惊讶的是谷仓还是被铲平了，小镇的官员对此感到非常愤怒，强行中断了建设，至少是短时间地中断了一会儿。

当然这一切都太迟了，而且还不只是这一个镇。在过去的50年间，巴克斯县的风貌变得逐渐模糊，一个农场接着一个农场地消失，公路越修越宽，开发接连不断。这里的地方特色也随之消失。20世纪的美国文化很大程度上受到了巴克斯县作家和艺术家的影响，但我不得不怀疑米切尔，或汉默斯坦，或者是赛珍珠本人，是否还可以在今日的巴克斯县找到他们当年的灵感。

这里查尔斯－希勒可以画的谷仓所剩不多了。

美国绘画历史上只出现过两个艺术世家，而他们都来自费城：18世纪后期与十九世纪初期的皮尔家族以及20世纪和21世纪的怀斯家族。

家族的创始人N·C·怀斯（N. C. Wyeth）是20世纪初一位非常成功的儿童书插画师。他为Scribner版本儿童经典文学画的插画一直深受喜爱，并成为行业标杆。由于《金银岛》大获成功，他于1911年携全家迁往切斯特县查兹福德（Chadds Ford）一处18世纪的住所。在那里，他在一座精致的18世纪建筑庭院里养育了创造力非凡的孩子们。

N·C·怀斯的插画可以带领读者完成穿越时空、环游世界的探险。他的作品充满了海盗、革命战士和边地冒险。然而他的儿子安德鲁，他孩子中最著名和最成功的艺术家却从未离开过家。在漫长的职业生涯里，除了查兹福德（Chadds Ford）的自然风光和人物以外（以及缅因州库什曼，他家暑假住处所在地的风景和人物），他几乎没有画过其他的东西。

假如我们头脑里有一副切斯特县景象的话，它应该来自于安德鲁·怀斯（Andrew Wyeth）的绘画。说出"布兰迪怀恩（Brandywine）"就像是说起怀斯一样。这幅景象里有连绵起伏的山丘、小树林、老旧的农场建筑、时光留下痕迹和历经沧桑的面庞。所有这些景色，都融浸到他富有代表性的、柔和的调色板里——灰色、棕色、深褐色。然而有了光，那束斜斜的、冷清的光，让怀斯的许多画作看起来像是 11 月或者也许是 3 月。电影制片人奈特·沙马兰（M. Night Shyamalan）同样也曾在大众的想象中下功夫创造过特拉华河谷的特定景象，他知道安德鲁-怀斯在多大程度上影响了我们对切斯特县的看法。沙马兰的电影《村庄》的背景就设置在 19 世纪的切斯特县，而且他故意让这部电影看起来像安德鲁-怀斯的绘画。"安德鲁是这部电影景象的主要灵感来源，"沙马兰告诉一位记者。"那些灰色调和极简派风格，以及光线——都源自安德鲁。"沙马兰认为怀斯的作品，尤其是他的室内画，拥有一种"毛骨悚然"的美。而对沙马兰而言，怀斯笔下的切斯特县成为"我们的信仰"。[12]

怀斯的职业生涯"正式"开始于 1932 年，当时他父亲邀请他进入工作室做一名学徒。20 世纪 30 年代中，美国现实主义和写实主义的传统依旧很强大，但是艺术界的其他流派几乎立刻开始转向另一个方向。到 40 年代末，当抽象表现主义如日中天、"动作绘画（action painting）"盛行时，怀斯笔下查兹福德的恬静风景似乎已有些落伍，如果还不算十分过时的话。正如他 1965 年告诉一位《生活》杂志记者时所说："在今天的艺术界，我的保守变成了激进。"而这些都没有引起怀斯多大的兴趣，就像他自己宣称的那样。既然我们对抽象主义，以及对之后琐碎"流行艺术"的狂热已经冷却，那么怀斯对他独特景象的坚持看起来就体现出了难能可贵的艺术独立和正直精神。

整体来看他的作品，怀斯描绘了一段非凡的历史，一个我们眼看着改变、老去和最终——当他们从怀斯的画布上消失——逝去的人物所生活地方的亲切故事。实际上，怀斯缔造了两段历史，一段在查兹福德，另一段在缅因。他的创造，这种对一个地方和当地人们长时间的密集研究，在美国绘画中我想不到第二例。也许最近似的类比，我并不是要得出一个严格的结论，是佛克纳（Faulkner）想象中的约克纳帕塔法（Yoknapatawpha）县。在一幅又一幅的画中，我们观察着四季的交相更替，卡纳一家（the Kuerners）、卡尔和他的妻子安娜、黑人老头汤姆·克拉克（Tom Clark），当然还有埃尔加（Helga），那位在卡尔·卡纳（Karl Kuerner）临终前照顾他，并后来成了怀斯模特儿的德国裔护士。

不管有其他什么曾让他心灰意冷，怀斯从未经历过默默无名的苦楚。1936 年费城艺术联盟举办了他的第一次展览。将近 20 年后，哈佛大学授予了他荣誉博士学位。不到 10 年之后的 1963 年，他从约翰·肯尼迪总统那里获得了总统自由勋章，虽然是约翰逊总统为他颁的奖。这些荣誉贯穿了他的整个职业生涯。他甚至在 1978 年入选了位于圣彼得堡的苏维埃美术科学院，那时苏维埃学会和圣彼得堡还在。1953 年，当纽约艺术界还沉浸在对杰克逊·波洛克的迷恋中时，怀斯在东京举办了一场大规模的展览。在这期间他的画作获得大卖，很大程度上是因为他妻子贝斯蒂（Betsy）对其事业的精明打理。

当时虽不是了无名气，但可以确定他很孤独，或几乎就是孤独的。众所周知，怀斯一直有意避开艺术圈和社会名流。他私下里自己工作，因而也谨小慎微和独立。他画布上一遍遍重复出现的人物是他的邻居、朋友和家人。他在采访和作品中都清楚地提到他更喜欢这些乡下人的陪伴——农民、壮丁、流浪汉。国际知名的艺术家和他街坊里的乡下人——精英与草根坐在门廊里一起喝啤酒。

惊悚也许不是描述怀斯工作最恰当的词语，但他的画作的确有一种神秘阴森的特质。他们出乎异常得安静，而作品的视角、透视和光线都透出寂静和不安的预感。在他的一些肖像画中，我们观者感觉就像是强行闯入了一个非常私密的情境。

因此，怀斯的成就是刻画了一个真实而又完全由他创造的世界。他的画作拥有一种永久的品质，但仍然深深植根于所处的时代。尽管怀斯世界里的人物在不断老去与改变——我们这些年中一直看着他们——他们所处的背景却没有变化。这些场景里很少见到 20 世纪的痕迹，更不用说存在任何 20 世纪下半叶的影响了。所有的建筑都是 18 世纪或 19 世纪早期的样子；建筑周围的景观同样也没有改变。甚至建筑的室内环境也没有透露出任何现代社会的证据——没有电话、大屏幕的电视或者洗碗机。同样地，今天的农业也不再像怀斯的画中那样运作了。马拉着车，木桶用来酿造苹果酒，今天这些都已经不合时宜了。就像亨利-梅瑟狂热地收集 19 世纪农业社会的遗物一样，安德鲁创造了一个被科技进步所抛弃的世界。在怀斯所有的画中，没有任何地方提示着 202 号公路，而这条和任何美国郊区公路一样堵得水泄不通的公路，事实上正好位于查兹福德附近。

　　这种逆时代的特点为许多画作增加了沉痛之感，因为各种农业由于农田土地被开发所占用，乡间小径变为公路，它们从切斯特县逐渐消失。在此意义上，这些画作记录下美国最有特点的自然景观之一。因此当说到"布兰迪怀恩（Brandywine）"，就是说起安德鲁·怀斯的画作，因为那些地方本身已经基本上消失殆尽了。不论是否有意为之，怀斯的画作最后做到的就是为曾经所存在的事物留下一份记录，并这份记录如此之近，使我们觉得仿佛仍然可能找到它。

　　2004 年，美国艺术界发生了两件轰动性事件。第一件令人期待已久，是现代艺术博物馆（MoMA）在建筑扩建和改造后重新开张。第二件是一条鲜为人知的蒙哥马利县遗产法院法官做出的一条法令,他们判决巴恩斯基金会(the Barnes Foundation),以及更为重要的是基金会收藏的画作,可以从梅里恩搬到费城。

这两个事件形成了一组有趣的对比。现代艺术博物馆,始于一家致力于促进20世纪先锋画派某些风格的小型机构,发现陷入了自身成功导致的、未曾预料的后果中。在MOMA藏品中拥有关键地位的先锋艺术现在已经彻底成为了主流,名副其实的经典。这个曾经将自己视为前沿、深奥的,为能理解现代艺术的少数新潮人士所保留的机构,现在成了一个主要的旅游目的地。MOMA的管理员们在进行博物馆的扩建和更新时,所有这一切思绪都在他们心里,可能还有更多。

对比之下,巴恩斯基金会则是由于它系统性的制度失败而走上法庭的。它很少的藏品只能产生可忽略不计的收入,而它的访问量受到另一条法令的限制也没能带来多少收益。该法令是梅里恩居民针对穿过他们高端社区过多的旅游交通而制定的。总之,巴恩斯基金会被极差的管理、刁难的邻居和几乎事无巨细的艾伯特－巴恩斯遗嘱指令所伤害,压制到濒临枯竭的边缘。因此后来基金会的主管在这一地区一些最有影响力慈善家的支持下,向蒙哥马利县遗产法庭提交了一张议案,请求允许基金会扩张它的管理董事会并将藏品搬迁到城市的一处新址。

无可争辩的是,艾伯特·巴恩斯（Albert Barnes）对于画作有着杰出的鉴赏能力。有人可能会挑剔他选中的某一两幅作品，但整体上看，很可能美国再也找不出比这更精美的印象派、后印象派和早期现代主义的藏品了，更不用说全由一个人的收藏积累而来。与此同样毋庸置疑的是，巴恩斯本人是一位极糟糕的制度建设者。这种无能一部分来自他极端固执和暴躁的性格。然而，也有一些和完全费城式的因素以及巴恩斯基金会曲折的历史有关，而且它也许比本地区其他任何机构都更好地说明了特拉华河谷地区文化生活中高雅与世俗、精英与大众交融的特殊方式，及其所带来的希望与挑战。

巴恩斯本人就来自费城的中产阶级，他在中央高中完成学业（艾金斯的母校），之后在制药界发家。他的发明Argyrol也许是当时用得最为广泛的抗生素药品。积累起财富之后，他转向了艺术。

其他许多富裕的19世纪后期和20世纪早期的收藏家们，如伊莎贝拉·斯图尔特·加德纳（Isabella Stewart Gardner）、亨利·克莱·弗里克（Henry Clay Frick），购买画作时要依赖其他人的鉴赏品位和判断。巴恩斯则不，他对自己眼力的信心从未有过动摇。而且考虑到当时塞尚、马蒂斯、毕加索、雷诺阿，以及其他画家仍在很大程度上被艺术界视为非主流，这种信心就显得格外难得。当巴恩斯第一次将他的藏品在宾夕法尼亚美术学院公开展出时，体会到了不太友善的大众评点。评论招待会气氛相当紧张，而巴恩斯也从未忘记或者原谅这些批评。他抗议说这些批评家太过俗气，然而至少在这件事上，事实证明他是正确的。看不惯精英化、门阀式的费城艺术和文化界，他携带着收藏来到梅里恩，并自己建造了一座由保尔·克雷特（Paul Cret）设计的布扎风格的建筑藏宝盒以容纳这些作品。

在这里，巴恩斯担负起创办一座博物馆、一所艺术鉴赏学校以及一个园艺学项目的任务。在收藏过程中，巴恩斯形成了自己关于美学的认识，而这所学校则是他将这种认识转化为哲学和课程的尝试。它一直以来严重依赖于巴恩斯收藏的画作，使得这种努力有一点学术上自我证明的意思。然而，这些课程具有足够的趣味性并引起著名哲学家约翰-杜威（John Dewey）的重视。像几乎每一个与巴恩斯打过交道的人一样，后者在他与巴恩斯的关系闹僵之前，曾经与巴恩斯一起工作过一段时间。

在当时，巴恩斯将这个带有三重使命的基金会，看作是对费城主流社会，尤其是对它陈旧权贵掌控下淤塞的人才网络和散发着狭隘精英主义瘴气的机构，表示的一种不屑一顾的姿态。巴恩斯通过推崇民间艺术和"黑人"艺术，以及先锋的欧洲艺术来强调平民主义的立场。夹杂在莫迪利亚尼（Modiglianis）和马蒂斯作品中还有几幅西切斯特本土艺术家霍拉斯-皮平（Horace Pippin）的画作。巴恩斯开始购买他的作品时，几乎没有人听说过皮平的名字。如今他已被视为20世纪中期最重要的非洲裔美国画家之一。巴恩斯的眼光几乎没有错过。

巴恩斯也是一位广为人知非洲裔美国画家作品的推崇者，为此他专门为阿兰·勒罗伊·洛克（Alain Locke）

划时代的散文集《新黑人》(The New Negro)撰写了一篇评论。这一合作背后可能也存在一定的校友情谊，因为洛克也是费城中央高中的毕业生。

到巴恩斯逝世时，基金会的章程几乎没有一条是得到了完整的执行。学校只向一小群爱好者开放，而且尽管巴恩斯曾宣称他的藏宝建筑是一座博物馆，但他从未对让更多人看到这些画作感兴趣。也是一场官司之后才让这里的大门略微向公众开放。巴恩斯去世时限制了他捐赠遗产的管理方式，大部分投向了公路债券，这后来被证明并非一笔明智的投资，而且他还将基金会的主要控制权赋予了林肯大学，切斯特县的一所小规模、传统化的黑人学院。当费城文化界得知这一消息时，你几乎可以听到巴恩斯从坟墓里传来的得意笑声。

林肯大学很可能从来就没有过相应的资源来运转这批远离校园、价值连城的收藏，而现在发现资源已经送上门来。此外，巴恩斯彻底疏远了那些有可能向博物馆捐赠大笔资金的人。因此直到一群关键性的人带着搬迁计划来到之前，基金会都处于挣扎之中。

那些反对基金会提出有违巴恩斯遗嘱的请求的人，试图将这场法律斗争变为一场道德辩论。将画作从梅里恩搬到费城的意义不亚于一次文化上的德奥合并，背后由诸如备受巴恩斯本人鄙视的皮尤基金会和蓝法斯特（Pew and Lenfest）这样的精英势力所策划。朱利安·邦德（Julian Bond），一位民权运动时代的老兵，他的父亲曾经是巴恩斯决定让林肯大学接管基金会时这所大学的校长，指责与此有牵连的所有人都是带着种族主义来促使这次搬迁的。

事情没那么简单。尽管尚不清楚新阶段的巴恩斯基金会能否达到财务自足，但看起来可以确定的是如果继续维持原样，它肯定不能延续下去。然而除了财务上的原因，以及巴恩斯的反精英姿态，这座博物馆只有小部分人参观过。搬到费城中心之后，它无疑将成为一个主要的旅游景点，而这也体现了一种平民主义。但与此相对应的，巴恩斯基金会很可能会失去一定的独立性、诡异的魅力以及也许随之而来弱化的身份认同。当然它也将获得一批之前从未有过的观众。也许，最终这是一个值得的妥协。

正如我早些时候提到的，它一直是一场费城式的争斗。费城一向怀疑精英主义，而有关巴恩斯基金会将要成为精英的指责也是带有很深本地情感色彩的。对比之下，从未有人在纽约向精英主义发难，这是因为纽约自身的文化机制在很大程度上一直以来就是肆无忌惮的、毫不矫饰的精英主义。这个词在纽约不像在费城那样是一个贬义词。MOMA在它重新开放时，宣布参观者们将需要缴纳惊人的二十美元以享受这份愉悦。这在哪里都算得上最贵的门票了！

很少有城市可以拥有自己的音乐——芝加哥和孟菲斯有蓝调音乐；20世纪60年代的旧金山有诸如感恩而死（Grateful Dead）和杰弗逊飞机（Jefferson Airplane）乐队的摇滚乐，但这些音乐没能经受住城市不断攀升的房产价格，嬉皮士们最终不得不被赶走。然而，费城却拥有两种为它定制的独特声音，任何人一听就知道是什么的音乐。这音乐只可能来自费城，并让这座城市在全球的听觉世界里拥有了一处固定的坐标。

费城最早的音乐发源于 20 世纪早期。费城交响乐队在 1900 年 11 月举办了第一场公开音乐会。费城交响乐团也是出于和波士顿、纽约、芝加哥、克利夫兰等其他创办交响乐团的城市相同的原因而建立的。由在正式场合穿着正式服装的专业音乐家演奏的乐团音乐，在 20 世纪早年成为美国城市高雅文化的代表。

而后在 1912 年，交响乐团聘请了利奥波德·斯托科夫斯基（Leopold Stokowski）担任它的音乐指导，而他给予这个组织一个略为不同的身份。他为人高调，追求知名度，还娶了格洛丽亚·范德比尔特（Gloria Vanderbilt）。1916 年，他指挥 1000 名音乐家和歌手在音乐学院（Academy of Music）舞台上演奏古斯塔夫·马勒（Gustav Mahler）鸿篇巨制《第八交响曲》（*Eighth Symphony*）的美国首秀。他从 1933 年开始面向 13～25 岁的年轻人举办"青年音乐会"，门票在发售的几小时内就被抢购一空。整个费城爱死他了。

通过交响乐团的乐器演奏，斯托科夫斯基让古典音乐对费城的听众们来说更为有趣和更加普及。他使得音乐变得更加中庸，这儿我没有任何贬义。除了斯托科夫斯基和费城交响乐团，还有谁能在迪士尼 1940 年豪华巨制的动画片《幻想曲》（Fantasia）中领衔出演？除了斯托科夫斯基，谁还能够和米老鼠握手？

批评家们，至少一些批评家，对这位著名指挥家的哗众取宠不屑一顾。但如音乐批评家杰伊·诺德林格（Jay Nordlinger）最近在回顾一些再版的斯托科夫斯基唱片时所说："他获取知名度的能力常常令他的名声有些变味，但是这唱片已足够说明他是一位伟大的——真正伟大的——指挥家。"[13]

在这座第一之城中，费城交响乐团在斯托科夫斯基任内留下了不少第一的纪录，包括第一张用新的电气方法制成的商业化唱片（事实上斯托科夫斯基在1917年就开始在位于特拉华河另一侧肯顿的一家公司刻录唱片了），以及建立于1929年第一个商业化赞助的交响乐团广播电台。斯托科夫斯基继任者奥曼迪领导下的"无与伦比费城人（The Fabulous Philadelphians）"在1948年成为了第一个登上全国性电视节目的交响乐团。最重要的是，当斯托科夫斯基在1938年走下指挥台时，他已经创造了费城之声。

声音大气而温暖，但又不喧哗或者夸张。斯托科夫斯基成功地对演奏施加了严格的控制，却未减少音乐的丰富多彩。奥曼迪同样也强调精准的时间把握和高超的演奏技巧，但这些都是围绕一种本质上浪漫的音乐而服务的。尽管有着演奏者规模庞大，但却常常能在奥曼迪的指挥下得以统一的和声表演，交响乐团无与伦比的弦乐演奏是整段音乐的中心。斯托科夫斯基和奥曼迪都钟爱于宏大、浪漫的曲目，比如德沃夏克、西贝柳斯和弗兰克的作品。当弗拉基米尔·霍罗威茨（Vladimir Horowitz）在卡耐基大厅首秀50周年庆典上选择演奏拉赫玛尼诺夫的第三钢琴协奏曲时，他请来了奥曼迪做指挥。

与此同时，再一次与费城文化保守的名声相悖的是，斯托科夫斯基和奥曼迪接受了大批当代音乐，其中一些难度很大，带有挑战性，比如舍恩贝格和肖斯塔科维奇的作品。举例而言，1961年奥曼迪在费城指挥了沃尔特·皮斯顿的第七交响曲。作曲家们很喜欢与奥曼迪合作。

奥曼迪也未能从批评家们那里得到应有的好评，尤其是那些要求更多对音乐展开"学术性"演绎的批评家。他受到公众的巨大欢迎肯定也让一些批评家嫉妒。但是除了他的音乐天赋之外，这种高人气本身就很重要。他不像许多传统的指挥家那样专横或冷淡。有些指挥家畏惧他们的观众。而奥曼迪，如罗伯特·琼斯（Robert Jones）所概括的，试图将听众带到音乐中去。[14] 正如艾灵顿公爵（Duke Ellington）关于音乐的著名论断所说，如果它听起来不错那么它就真的不错，而费城之声在斯托科夫斯基和奥曼迪的统领下，首先而且首要地，常常听起来就很好。

费城交响乐团可能算得上世界上刻录次数最多和传播最广的交响乐了。因此在一个世纪里，费城之声很可能比其他任何交响乐团拥有更多的听众。它也许代表了全世界无数人耳中交响乐的含义。费城之声对许多人而言代表了这座城市，尤其是外国人，而如果他们来到这里，那么费城交响乐团就是他们的第一站。当克里斯托弗·埃申巴赫（Christoph Eschenbach）被介绍担任乐团新的总指挥时，他承认作为一个在战后德国长大的小孩,他可以接触到的唯一唱片就是费城交响乐团的音乐唱片。如批评家杰·诺德林格尔(Jay Nordlinger)2000 年在费城交响乐团世纪庆典时所写的那样:"有可能,费城交响乐团是世界上最珍贵的音乐机构"。[15] 当然,类似这样的结论在任何实证意义上都难以证明,但同样难以否认。

1958 年 2 月,四名来自西南费城巴塔姆高中的白人青少年,自称为"丹尼和青少年"组合(Danny and the Juniors),发布了一张占据排行榜首位长达七周的专辑。《At the Hop》,一首朗朗上口的舞曲(dance tune),现在仍不时地登上老牌广播电台,但基本已经被遗忘在了杂货箱里。埋藏在这个杂货箱更深处的是一个事实,那就是"丹尼和青少年"组合的专辑曾经得到过肯顿一位莱昂·胡佛(Leon Huff)的帮助。[16] 胡佛帮助《在顶峰》登上榜单后不到 10 年,他联合肯内特·甘布尔(Kenny Gamble)一起组建了美国流行音乐历史上最为成功和最具影响力的作曲家/制作人团队。甘布尔和胡佛,以及贝尔,共同创造了诸如另类灵魂、流行灵魂、前迪斯科和跨界等种类的音乐作品。这些标签其实都不准确,因为简而言之他们创造的是费城之声。

甘布尔和胡佛在 20 世纪 60 年代中期相遇。1967 年,他们第一次登上排行榜全国前十,那时"灵魂幸存者"(the Soul Survivors)才刚刚发布《通往心灵的快车》"Expressway to Your Heart"。那一年芝加哥歌手 Jerry

Butler来到了费城，当时他的事业受阻，而他也成了"冰人（The Iceman）"潮流的代言人。1969年，甘布尔和胡佛取得了长足的进步，发布了三张新专辑——《强者生存》（*Only the Strong Survive*）、《多变的女人》（*Moody Woman*）和《分手何用》（*What's the Use of Breaking Up*）——这三张专辑令他们的风格更加完满。1971年，他们终于得以建立自己的品牌，费城国际唱片，并与CBS唱片公司签署了发行合作协议。他们在南宽街上开设了办公室，就位于备受尊重的音乐学会以南两个街区，现在则在费城交响乐团Kimmel中心新址的马路对面。这两支费城之声隔着宽街互相注视着对方。

每年年底《Billboard》杂志都会基于销售量和电台播放次数公布一份唱片和制作人的排行榜，而1974年甘布尔、胡佛和贝尔登上了榜首。期间有一年他们发布了21张成功的专辑。到20世纪70年代末，这个团队共同拿下了31次黄金或白金级单张专辑，和几乎同样多的黄金和白金级唱片集。他们还一举超越摩城乐队（Motown），至少在一段时间里成为美国营利最多的、黑人持有的娱乐公司。

歌曲本身与它们被编排和制作的方式相比显得不那么重要。费城之声是顺滑、清脆的声音，带着一段充满能量却规整的旋律以及对弦乐和号乐的充分利用。其中也有流行音乐中没有听说过的其他乐器——铁琴和木琴，以及声音被扭曲、听起来像锡塔尔琴的电吉他。实际上与底特律摩城乐队演出相当不同的是，甘布尔和胡佛的背景乐队与前台的歌手同样重要,而且它也不是默默无闻的。背景乐队称为 MFSB(父母兄妹),象征着费城国际唱片的家庭本质——母亲、父亲、姐妹、兄弟——或者稍微更不修边幅的称呼,这支乐队推出了一些自己的刻录唱片,其中不少相当卖座。

费城,不论有人怎样抱怨,其实一直以来都拥有一个充满活力和创造性的音乐氛围。类似玛丽安·安德森(Marian Anderson)、保罗·罗伯逊(Paul Robeson),以及约翰·柯川(John Coltrane)这样的音乐家选择生活在这里并非偶然。费城也有一个小型的、共同活动的氛围,因而音乐家们并不将时间全花在他们自己的音乐流派上。正如批评家汤姆·穆恩(Tom Moon)指出,在费城音乐圈子里存在很多跨流派的融合,而聆听现在的费城之声,除了流行、灵魂和 R & B 之外,你还能够听到爵士乐的影子、疯克式的开头和加勒比式的节奏。

毕竟,这些大气的弦乐、跌宕起伏的音符最早是从宽街另一侧的费城交响乐团传出的。因而并非偶然的是,其中一些交响乐团音乐家也演奏甘布尔和胡佛的歌曲《爱的火车》。从费城徐徐飘出的音乐,很多都源自这种不同流派、种族和影响之间的混合。据甘布尔和胡佛的说法,费城之声不是来到这个城市,而是来自于这个城市。就像胡佛说的,"[我们]比其他任何人都能更好地从音乐里听出费城的样子,我们知道什么听起来是好的,什么听起来是坏的"。[17]

更重要的,这是一种舞蹈音乐。甘布尔和胡佛看着迪克·克拉克（Dick Clark）主持的《美国舞台》长大。这个节目在20世纪50年代仍在播放白人音乐、请白人舞蹈家跳舞，并且只面向白人观众。甘布尔和胡佛至少在他们的公开言论中，从没有表现出对将音乐放在狭隘种族框架下讨论的兴趣。他们也没有刻意去讨好那批"跨界"（白人）的观众，即便贝尔曾试图制作了几首埃尔顿·约翰的歌曲，请大卫·鲍威在西格玛音乐工作室（Sigma Sound Studio）剪辑《年轻美国人》，还在70年代中期请滚石乐队（Rolling Stones）前来体验费城之声。然而即便如此，作为《灵魂列车》的制作人，这是黑人对《美国舞台》的回应，他仍旧带着一定诗意化的正义感选择了歌曲《TSOP》，这首由MFSB创作的伴奏曲，作为主基调。

但是甘布尔和胡佛一直相信他们的音乐不只是好的舞曲。贝尔在1973年告诉《纽约时报》，这种音乐满足了"那些既想要听也想要跳的人"的需求。在这次采访中，甘布尔解释道，"[我们]努力给我们的听众提供各种不同的东西。如果你想听的话，它们全都在里面"。[18]

除了音乐本身——弦乐、号乐，以及多种打击乐——甘布尔还接着提醒人们里面还有一条信息，一条来自费城的信息："我们制作的唱片发出了对和谐与理解的倡议。有人认为这样说很做作，但我们只是在试图实现这座城市所象征的愿景"。[19]在费城，即便是商业化最成功的流行音乐也背负着这座城市初创理想的重担和希望。伴随着费城之声，你可以在这个和平的王国里起舞。

这可能是一条多余的评论，但我认为提及费城的初创和象征对甘布尔和胡佛也有一定的意义。1997 年，Epic 唱片公司发布了一套三张 CD 装的甘布尔和胡佛的歌曲，称之为《费城音乐：肯内特·甘布尔、莱昂·胡佛和兄弟之爱的故事》。在费城之声实现了事业，而费城国际唱片也不再是曾经的热门音乐工厂之后，他们两位都已淡出音乐界有一段时间了。1990 年，甘布尔创建了环球社区之家（Universal Community Home），它是规模更大的环球集团的一部分，也是一家专注于社区发展的非营利机构。甘布尔当时在正线地区过着很舒适的生活，但他却决定搬回城中，住到南费城老街坊中一幢当时已经严重老化的联排住宅里。

他是一个精明的生意人，而且他在实践社区更新中带着同样不近人情、不动感情的原则。他为改变社区所做的尝试引发了不少争议和怨言。但即便匆匆走过这个区域，你也可以看得出这些努力的确获得了一些明显的成绩。今天你很可能不会在人行道上听到欧杰斯合唱团（O'Jays）或者哈洛德-茂文与蓝音符乐队（Harold Melvin and the Blue Notes）的音乐了，但千真万确的是，如果足够用心，你将能在工作中听到费城之声。[20]

"全世界的人们。"

这首歌词，像甘布尔和胡佛的很多作品一样，并不十分押韵或者上升到诗歌的层次。

"手牵着手。"

但这从来就不是费城之声音乐的要点。

"开动一列爱的火车。爱的火车。"

你马上意识到了,而且你所知道的那个版本在欧杰斯合唱团的演唱下相当卖座。它是一首经典的费城之声歌曲,由强劲而紧凑的节奏和一流的弦乐部分组成。极为适合伴舞。胜过其他任何的费城之声歌曲,这一首歌曲伴随了我的成长。时至今日,聆听它还常常带我回到那些萦绕不去的炎热夏夜,摇下了窗户的汽车,还有我的 AM 钟控收音机上的闹钟。

但这首歌其实还有一个不那么广为人知的版本,由邦尼·席格勒(Bunny Sigler)制作,因而也在一定程度上更为有力。席格勒让整首歌的节奏变缓——达到 6 分钟长而不是欧杰斯版本的 3 分钟长——而且大管弦乐团也被一个更小的团队所取代,包括一台风琴。在歌曲的末尾,除了风琴之外所有乐器声都逐渐淡去,旋律中只留下背景歌手的浅吟低唱。

这样的结果是这首歌变成了一首可以随之轻摇,而不是舞动的曲目,更近于福音而不是灵乐的歌声。有一部分强调了这首歌的哀伤氛围。它没有太过辛酸,但听起来又不止于忧郁。欧杰斯合唱团自信地唱道这列爱的火车随时都会停靠进站,但席格勒则并不太清楚这列车何时或者是否会到来。在这六分钟里,简洁而直白地展现着费城,现实与理想、过去的沉重与未来的希望。席格勒在唱这首歌时拥有一种能量,让我会心一笑,同时又令我低头哭泣,甚至现在也是这样。

尾声

赤裸的城市和衰落的故事

在过去的 50 年里,我们在东北部和中西部诉说着美国都市大致相同的故事。在战后时期,郊区经历了成长、扩张和繁荣,而处在这些区域中心的城市,却持续地衰退、破败,最终在南方和西部新兴城市的崛起中隐退。

我们很难与数字争辩,所以不妨做一个快速的回顾。与工业经济的腾飞同步,美国在 19 世纪经历了快速的城市化。当这个国家在费城建立时,大致有超过 90% 的人还生活在农场里。1890 年,联邦统计普查表明传说中的新沃野已不存在,而工厂生产的产品价值首度超过了农业产品。1920 年,普查宣布大部分美国人已经生活在了城市中。

当城市成为生活和意识中不可避免的事实时,美国已经进入属于它的"城市时刻"。第二次世界大战前后,大多数美国大城市在人口、经济活动和政治影响力上持续上升,大部分工业中心在 20 世纪五六十年代达到了巅峰。

但这一时刻没能持续太久。人们——几乎全是白人——从城市逃往新的郊区，带着他们的购买力，他们的财产税以及他们的工作沿着新建的、穿过城市连往新开发区域的州际高速公路远走高飞。早在1959年，布鲁克林学会的维尔福莱德·欧文（Wilfred Owen）就曾发问："尽管城市聚居点历经了这么多个世纪的发展与繁荣，我们仍然开始怀疑城市是否能够，或甚至是否应该，在汽车时代中存活下来"。[1]根据普查结果，1980年我们中大多数人生活在郊区，而且三分之二的制造业也搬到了郊区。费城丧失了数以千计的工业工作机会和25万居民，这大约是它1950年鼎盛时期的25%。这种情况比一些城市更糟糕，但明显要好于底特律、圣路易斯和克利夫兰这样的城市。

作为我们现在所称的、有些冷酷的"去工业化"的结果，美国城市从内部崩塌。工作机会和人口大量减少，导致了在第1章中提到的内城区域发生的种种社会病——犯罪、毒品、暴力以及长期的贫困带来的各类不同的绝望。不论从事实上还是比喻上来说，内城已经变成了一个经济和政治上都被抛弃了的地方。

去工业化，以及随之而出现的一切，构成了我们说过的老都市区故事背后的机制——富裕的、基本白人化的郊区对抗着越来越贫穷的、愈加黑人化的城市中心。过去25年中有关城市的著作带有一种近乎启示性的预告。对弗雷德·西格尔（Fred Siegel）来说，城市就是《未来曾在哪里发生》（*Where the Future Once Happened*）；耶鲁学者艾德·雷（Ed Rae）将其关于纽黑文的巨著命名为

《城市主义的终结》(The End of Urbanism) 的地方。而这仅仅是两个近期的例子。

这并非是我在这里想要讲的故事，有几个原因：首先，这是一个讲了不止两遍的故事，而且随着我越发现它具有说服力，我就越觉得重复那种论调没有意义。是的，去工业化的后果的确在很多方面对费城具有破坏性，而且这一地区的郊区化发展也相当地突出。但是我们已经知道了这个故事——以前就听过了。

更进一步，我想要看看假如将这个故事倒过来会发生什么。意识到去工业化就像任何一场洪水或地震一样有破坏性的力量，我想要知道这座城市有着怎样的恢复力。就像2004年那场袭击东南亚的海啸，很少有人能清楚看到去工业化的到来，更无法预测它的后果是什么。它是由不受费城人——或芝加哥人和克利夫兰人——控制的力量造成的。

简言之，在20年的时间里——大约从1960年到1980年——去工业化彻底改变了这座城市的经济和物质状况。然而与自然灾难的受害者不同，那些留在城市里的人不得不自己清理混乱的局面，而没有任何大规模、综合性的、有足够资金支持的援助计划。毕竟贫穷的代价非常昂贵，而且这种代价还是由美国城市不均匀地承担的。我带着参观过费城一些老工业街区的欧洲人惊奇于这里竟然可以任由社区衰败到此种境地。如果是在欧洲，中央政府早就涉入其中了。

但是，这座城市还是挺过来了。除此之外，它还经受住了经济和政治决策最严峻的考验并从中汲取养分。当然会有阵痛，但这座城市从未被打倒。城市主义，至少在费城肯定还没有结束。

与此同时，我曾经想要颠覆那些关于郊区发展的、令人愉快的故事，这样做会向私人开发商施压，促使他们提供消费者明确需要的产品。但取而代之的是，我指出了不受管制的郊区扩张所带来的一些问题。人们只是在最近才开始清算它的代价——环境破坏、通勤交通花费的时间、超负载的市政基础设施等。但是我也对那些不太能加总到账簿中的成本感兴趣。将它们体现出的自然景观和人类活动被改造成一个样子到底会花费我们多大代价？你如何计算人们失去社区感的损失？一个地方的独特感价值多高，以及我们怎样衡量它的消失？

这些就是遍布郊区和现在远郊的美国人所面对的问题，但在这个地区尤其重要，因为正如我提到过的，与这座城市一样，整个特拉华河谷地区都浸透着历史。这一历史，反过来又在过去与现在之间、在城市与郊区之间创造了一种令我们的日常生活经历更加丰富的联系。它创造了一种难以捉摸的本地感，可是正在迅速地消失。

这些都指向了我选择写作这本书的方式的第三个原因。我相信我们之所以用某种方式来理解都市历史，部分原因首先来自于我们用以研究这个问题的方法。在过去的30年中，关于城市的著作被定量研究所占据，试图通过计算我们不能计算得出的事物来完成。

在美国的城市中,数据当然不好看。所有那些应当上涨的数字——诸如人口、工作岗位、收入——统统减少了。同时,所有那些应该下降的数字——犯罪率、贫困率、无家可归者的比率——全线上升。当然在城市外围的郊区,统计图表都展现出应有的趋势。我们很难与这些数字争论。

但与此同时,我认为定量研究在理解区域机制时存在两个问题。首先,它基本上是建立在那条非常美国式的假设基础之上,认为大的就一定是好的,增长必须一直是我们的目标。举例而言,城市人口问题。二战结束后不久老工业化城市达到的高峰是我们用以衡量它们之后衰退的参照点。然而我怀疑那些数据所代表的只是一个虚假的泡沫,这个泡沫产生于没有新建房屋而且家庭不得不共享一套住宅的大萧条时期,也来自战争本身。它见证了大量人口进入城市中的工厂,它们后来都变成了兵工厂。如果不是这些事件,也许底特律、匹兹堡和费城首先就不会扩张到那么大的规模。

刘易斯·芒福德(Lewis Mumford)是对城市表现出担忧的、那些20世纪中期的作家之一,他们担心纽约、芝加哥和费城这样的城市规模扩张过大以至于失去了人性的尺度,也不再能创造规模更小时所能提供的人性化城市生活。一个人口学上的巧合,费城20世纪开始时拥有的人口与它20世纪末时拥有的正好一样,150万人。但到了世纪末,这座城市成了一个比它所谓的衰退发生之前要更加公平的地方,一个有更高的种族宽容度的地方,以及一个更富有活力的文化中心。

其次,用于美国城市研究的定量方法意味着我们只能研究那些可以被计量、图表呈现、标记和转化为统计数据的事项。我们更少关心那些不能被计量的方面——邻里友善、宽容和灵感。这些事物难以着手,但这并不会让它们因此而变得不重要。所以我努力关注那些不太能够计算的事物——这个地区与过去历史和它乌托邦式的愿景、与文化创意和中产阶级的追求之间的关系。几乎不言而喻的是,这座城市的内涵比它可数部分的总和要丰富得多。当我们开始仔细考察这些不易捉摸的方面时——比如民族的多元和种族融合,思想活跃与文化活力——最近一代的费城看起来的确非同一般,而郊区似乎则远远落后了。[2]

最后,我之所以用这样的方式写作是因为我相信我们讲故事的方式相当重要。故事——叙述——并不仅是简单地描述一个事实;它们决定了我们对现实的理解。一段将郊区描写为蒸蒸日上,而将城市刻画成不断衰落的历史不仅遗漏了故事的很大一部分,也影响了我们对现在与未来的看法。它让我们更容易对城市冷嘲热讽或失落绝望,并且让我们忽视郊区现在面临的现实问题。

如果我们要设想一个不一样的未来,那时一座健康的城市将是一个健康的区域中心,那时共同的问题——而且它们都将成为共同的问题——可以在合作中解决,那时区域中最为独特和珍贵的事物将得到保护和发展。如果这些都得以实现的话，那我们就需要以一个关于我们自身完全不同的故事来开头了。

  这些就是我在本书中想要做的了。城市和围绕它们的区域，最终仍是想象力的结果，而我只希望我的想象能够唤起你的共鸣。

注 释

前言

1. 实际上,这句话的原句是"这座赤裸真实的城市中有着800万个故事",不过对此我已经获得了版权许可。

2. 山姆·巴斯·华纳,《私人城市:三个发展阶段中的费城》(第二版)(费城:宾夕法尼亚大学出版社,1987),13页。华纳的研究最早出现于1968年。这句话来自新版本的序言。

3. 据警方估计,在该市购买非法毒品的客户中,有一半以上来自郊区,费城荒地中源源不断的新泽西州和特拉华州牌照证明了这一点。举个例子,2004年5月,联邦调查人员宣布起诉27名与一个所诉"重大"可卡因团伙有关的人。在这27个人中,有25个人住在费城的郊区。

4. 拉斯廷在西切斯特的那些年记载于历史学家约翰·德埃米利奥的一本新传记中,《迷失的先知:贝亚德·斯廷的一生》(纽约:自由出版社,2003年)。

5. 个人访谈,2003年3月。

6. 这份报告的标题为《重返繁荣,重建宾夕法尼亚州的竞争议程》。有关托尔兄弟及其运营方式的说明,请参阅乔恩·格特纳的"住房工业综合体",《纽约时报》,2005年10月16日。

7. "枯萎和蔓延",《费城问询报》,2002年4月21日。希尔顿帮助创建了"10000名宾夕法尼亚之友"和"拯救我们的土地,拯救我们的城镇"组织。

8. 安德鲁·卡塞尔,"比起宾夕法尼亚州,费城的表现更像新泽西州",《费城问询报》,2004年4月23日。

9. 当然,我们如何理解大都市地区的问题并不仅限于费城。芝加哥周围的地区现在被泛称为芝加哥地区,这使得整个地方听起来更像是一个主题公园,而不是全国第三大都市区。

10. 参见亨利·格拉斯的"特拉华河谷民俗建筑中的18世纪文化进程",刊载于戴尔·厄普顿和约翰·迈克尔·弗拉奇所编的《公共场所:美国乡土建筑读物》中(雅典:乔治亚大学出版社,1986),394-425页。

11. 参见帕特里克·希利的"两个人相遇的地方",《纽约时报》,2014年5月23日,一篇关于长滩岛的好文章。

12. 鲍勃·费尔南德兹,"从药物到漱口水,宾夕法尼亚的生产引领全国",《费城问询报》,2003年8月23日。

13. 有关近期工作和通勤趋势的总结,参见"我们正在向反方向走",《费城问询报》,2003年3月6日。

14. 在"离开不是问题,搬到费城才是"中被引用,《费城问询报》,2003年8月8日。

15. 参见"人才流失?没那么快",《费城问询报》,2004年6月11日。

16. 数据来自费城中心城区。

17. 个人访谈,2002年3月。

18. 感谢美味烘焙公司的艾莉丝·施耐德提供此信息。

第1章

1. 罗素·F·韦格利所编的《费城:一段300年的历史》(纽约:W·W·诺顿,1982),1页。

2. 《威廉·佩恩致专员关于解决殖民地的指示,1681年第307号》,玛丽·马普莱斯·邓恩和理查德·邓恩编,《威廉佩恩的文件,1680~1684年》(费城:宾夕法尼亚大学出版社,1982年),121页。

3. 在现在的土耳其,这是一个真实的城市,或者曾经是一个真实的城市。我不确定17世纪的人是否会在圣经的版图之外意识到它的存在。

4. 山姆·巴斯·华纳，《私人城市：三个发展阶段中的费城》（第二版）（费城：宾夕法尼亚大学出版社，1987年）。

5. 悉尼·阿斯特罗姆，《美国人民的宗教史》（第2版）（新天堂，康恩：耶鲁大学出版社，2004年），213页。

6. 这句话出自亨利·梅的《美国的启蒙运动》（纽约：牛津大学出版社，1976年），127页。

7. 参见爱德华·T·普莱斯的《美国县城的中央法院广场》，在戴尔·厄普顿和约翰·迈克尔·弗拉奇所编的《公共场所：美国乡土建筑读物》中（雅典：乔治亚大学出版社，1986年），124-145，尤其是127页的地图。

8. 公园大道确实引人注目，深受喜爱。但它并不像预期的那样充当一条漫步的林荫道。一些组织，包括中心城区协会和每日新闻媒体，已经开始讨论如何使公园大道作为城市资产更好地发挥作用。

9. 有关希克斯的更多信息，请参见艾德娜·普林格的《一个和平的梦想》（费城：多兰斯公司，1973年）和卡罗琳·威克利的《爱德华·希克斯的王国》（纽约：艾比·阿德里奇·洛克菲勒民间艺术中心与哈里·N·艾布拉姆斯合作，1999年）。

10. 与汤姆·胡普斯的个人访谈，2003年5月。

11. 我引用了纳撒尼尔·波普金的精彩著作《城市之歌：美国城市景观的亲密历史》（纽约：四墙八窗，2002），149页。这是我看过的关于当代费城的最好的书。

12. 同上，第148页。

13. 有关拉斯廷的最全面的故事，请参见约翰·德埃米利奥的《迷失的先知：贝亚德.斯廷的一生》（纽约：自由出版社，2003）。拉斯廷在此被引用，230页。

14. 迪格比·巴茨尔，《波士顿清教徒与费城贵格会》（纽约：自由出版社，1979年），9-10页。

15. 这篇文章于1939年出现在麦克卢尔杂志上，后来又被作为林肯·斯蒂芬斯的书《城市的耻辱》(1904年)中的一章。

16. 亨利·詹姆斯,《美国场景》(布卢明顿:印第安纳大学出版社,1968),第283页。

17. 最近的一个例子:由于从该市获得的运营资金的小幅削减,费城艺术博物馆暂停了其广受欢迎的周三晚间节目。一般在其他城市,富有的捐赠者会立即挺身而出,以保持正常开张。在费城艺术博物馆却不是这样。

18. 格雷琴·摩根森,"在'哇'的银行的一声'哎呀'",《纽约时报》,2004年8月1日。

19. 参见格雷戈·唐斯的"城市的生存取决于所有人",《费城问询报》,2004年6月30日。

20. 私人通信,2004年。

21. 据我所知,没有人给过MNS一个应有的学术讨论。莱基撰写了一篇关于MNS历史和理论的长篇论文,该论文包含在一个从未出版的书籍项目中。参见乔治·莱基的《"迎头赶上,继续前进":为了未来,我们可以从新社会运动中学到什么?》(未发表的手稿)。我的引用来自一篇个人访谈,2003年8月。

22. 约翰·赛奇维克,《和平的王国:美国最古老动物园的一年生活》(纽约:莫罗,1988年)。

第2章

1. 许多历史学家,包括多萝西罗斯和迈克尔卡门,都写过关于19世纪美国历史感的发展。我自己的书着眼于北美土著人在发展这种历史感中的地位:《历史的阴影:19世纪的北美土著人和历史感》(芝加哥:芝加哥大学出版社,2004年)。

2. 亨利·詹姆斯,《美国场景》(布卢明顿:印第安纳大学出版社),280页。

3. 这些机构是加里·纳什的书《第一城:费城与历史记忆的锻造》的核心(费城:宾夕法尼亚大学出版社,2002年)。

4. 感谢史蒂文·豪尔提供此信息。

5. 由此产生的书《费城黑人》是社会科学新领域的一项开创性研究,也是一项重要的学术工作。它已由伊利亚·安德森以百年纪念版的形式重新发行(费城:宾夕法尼亚大学出版社,1996年)。

6. 林肯·斯蒂芬斯,《城市的耻辱》(纽约:希尔和王,1957年),136页;詹姆斯,283页。

7. 在富兰克林诞辰三百周年之前(富兰克林出生于1706年),出现了几部新的传记,其中包括埃德蒙·摩根的《本杰明·富兰克林》(新天堂,康恩:耶鲁大学出版社,2002年)、戈登·伍德的《本杰明·富兰克林的美国化》(纽约:企鹅出版社,2004年)和沃尔特·艾萨克森的《本杰明·富兰克林:美国人的生活》(纽约:西蒙&舒斯特,2003年)。H·W·布鲁格尔将他写的富兰克林传记命名为《第一个美国人》(纽约:道布尔迪,2000年)。

8. 我从阿伯丁试验场的马丁·H·威克于1961年撰写的一篇文章中获取了这些信息中的大部分,并在网址为 http://ftp.ar1/~mike/comphist/enrac-story.html 的网站上发布。

9. 康斯坦斯·格里夫在《独立:国家公园的建立》(费城:宾夕法尼亚大学出版社,1987年)一书中讲述了这个公园是如何形成的。

10. 有关威廉斯堡史学解释的更多历史信息,参见理查德·汉德勒和埃里克·盖博所著的《一座旧博物馆的新历史》(达勒姆,北卡罗来纳州:杜克大学出版社,1997年)。

11. 公平地说,自 INHP 首次开放以来,其历史解释得到极大的改进。现在它关于18世纪的讲述包含更为全面的内容。

12. 有些事情永远不会改变。费城的建筑工会继续对该市的建筑业实行垄断控制,并遏制了该市进一步的复苏。

13. 在伊丽莎白·弗雷泽的《1776~1926年一百五十周年纪念》中被引用,《星期六晚报》,1926年9月11日,65页。

14. 我从温特图尔的网站 www.winterthur.org 上引用了这些话,它出现在

2004年夏天。

15. 感谢哈里斯·斯坦伯格的这句话。

16. 这两句话都引自斯蒂芬·索尔兹伯里的"规划会分割独立广场",《费城问询报》,2004年8月6日。

17. 有关安全和设计的争论还在继续。到目前为止,内政部绝不妥协。美学问题先放在一边,目前公园周围的安全边界是完全无效的,这一点已经被许多研究所证明。它在惩罚那些同意遵守规则的人,他们去自由钟和独立宫的路程不方便、不愉快且过长。如果你想的话,很容易就可以冲破篱笆;我已经做过很多次了。

18. 完全披露:凯尔也是我的朋友,多年来我们讨论过穷理查德。这些引用来自个人访谈,2004年夏天。

19. 感谢汤姆·萨格鲁提供此信息。他引用了基思·里德的"在费城敲响它",《波士顿环球报》,2003年10月21日。

20. 加里森是最近传记的主题,我从中得到了这样一些材料:亨利·梅尔,《一切都着火了:威廉·劳埃德·加里森和废除奴隶制》(纽约:圣马丁出版社,1998年)。

21. 引用同上,176页。

22. 关于独立宫在国家形象中作用的优秀历史作品,参见沙琳·米尔斯的《美国记忆中的独立宫》(费城:宾夕法尼亚大学出版社,2002年)。

23. 引用同上,245页。

24. 关于费城同性恋活动的历史,参见马克·施泰因的《姐妹和兄弟之爱的城市:费城的女同性恋和男同性恋》,1945~1972年(芝加哥:芝加哥大学出版社,2000年)

25. 除此之外,切尼自诩为历史学家。在这个自封的角色中,她对加里·纳什设计的国家历史标准发起了无礼的公然攻击,尽管事实上她基本承认从未真正阅读过这些标准。

26. 2004年夏天,当美国纳粹党(正式为全国社会主义运动)获得在公园场地举行集会的许可时,对福吉谷象征性的保守使用被认为是合乎逻辑的,尽管可能会有离奇的结论。他们认为乔治·华盛顿既是反犹主义者又是白人分裂主义者,因此希望将他们那些反动的议程与华盛顿联系起来。正如他们的发言人杰夫·肖普所说:"福吉谷对我们很重要,因为这是乔治·华盛顿的宿营地。我们是爱国者,我们尊敬我们的开国元勋。"参见南希·彼得森的"纳粹团体被批准进行福吉谷集会",《费城问询报》,2004年8月25日。

27. 引用自戈弗雷·霍奇森的《我们这个时代的美国》(纽约:古典书局,1976年),9-10页。

28. "联邦土地购买终止了福吉谷公园的开发计划",《巴克斯县速递报》,2004年7月7日。

29. 引用自爱德华·科里摩尔的"铺筑历史与建设停车场",《费城问询报》,2004年6月27日。

30. 杜波依斯,19页。

31. 梅尔,173页。

32. 史蒂芬·米姆,"自由贝尔计划展示了自由和奴役",《纽约时报》,2003年4月23日。

33. 劳勒发给博马的电子邮件,2003年11月13日。感谢霍华德·吉列让我使用他关于这场争论的材料。

第3章

1. 在司徒·布鲁明的《中产阶级的出现:美国城市的社会经验,1760~1900年》(纽约:剑桥大学出版社,1989年)中被引用,1页。

2. 在大部分讨论中,我都依赖于詹姆斯·T·莱蒙的《最佳穷人国家:宾夕法尼亚州东南部早期的地理研究》(巴尔的摩:约翰·霍普金斯大学出版社,1972年)。

3. 同上,27页。

4. 同上，227页。

5. 同上，223页。

6. 威廉·克罗农，《自然之都》（纽约：诺顿，1991年）

7. 布鲁明的书《中产阶级的出现：美国城市的社会经验》中大部分情况发生在费城。

8. 这句话来自山姆·巴斯·华纳的《有轨电车郊区：波士顿的成长过程，1870～1900年》（剑桥：哈佛大学出版社，1962年）。

9. 布鲁明，220页。

10. 数据来自罗素·韦格利所编的《费城：一段300年的历史》（纽约：W·W·诺顿，1982），363页。

11. 引用同上。

12. 我一直依靠约翰·赫普的优秀著作《中产阶级的城市：改变费城的空间和时间，1876～1926年》（费城：宾夕法尼亚大学出版社，2003年），对于这个讨论尤其详见193-194页。

13. 多娜·里灵，《建造房屋，创造资本主义：费城的建设者，1790～1850年》（费城：宾夕法尼亚大学出版社，2001年），8页。

14. 参见同上，尤其是40-55页。

15. 同上，52页。

16. 这两句话皆引用同上。

17. 韦格利，421页。

18. 同上，422、494-495页。

19. 这处引用要感谢建筑师兼历史学家尼尔·希奇。

20. 被赫普引用，168页。

21. 《莱维顿镇人：新郊区社区的生活方式和政治方式》（纽约：古典书局，1967年）。

22. 所有这些皆引自威廉·本杰明·皮戈特的《排斥的地理：战后费城的种族和郊区化》（硕士论文，俄亥俄州立大学）

23. 马修·布兰沙德,"郊区乌托邦模糊的愿景",《费城问询报》,2000年10月9日。

24. 在1964年泽西海岸的历史中,哈罗德·威尔逊用了15页的篇幅来描述海岸度假胜地之前的时代。参见哈罗德·威尔逊《泽西海滩的故事》(普林斯顿,新泽西州:德·范·诺斯特兰公司,1964年)。

25. 麦克菲的书,《松树荒地》(纽约:法拉,施特劳斯与吉鲁克斯,1968年),1968年出版。这仍是一本好书。

26. 引用威尔逊,43页。

27. 引用同上。

28. 同上,106-107页。

29. 引用同上,79页。

30. 这是纳沙在《走出去:公共娱乐的兴衰》(纽约:基本书局,1993年)中提出的最重要的一点。

31. 威廉·克罗农,《荒野的烦恼》,在史蒂文·康恩和马克思·佩姬所编的《建设国家:美国人写他们的建筑、他们的城市和他们的风景》(费城:宾夕法尼亚大学出版社,2003年)中,137页。

32. 劳伦斯·斯奎里,《在波科诺更好:宾夕法尼亚度假区的故事》(帕克大学:宾夕法尼亚州立大学出版社,2002年)。斯奎里的书很难说是一本学术著作,但如果要轻松地回顾这一地区的历史,这本书是很有用的,我从中引出一些讨论。

33. 同上,71页。

34. 同上,117页。

35. 同上,68-71页。

36. 事实上,电视广播的首次公开演示于1934年在富兰克林研究所举行。

第4章

1. 布鲁斯·斯图茨关于特拉华河的书《自然生活,摩登时代》(费城:宾夕法尼亚大学出版社，1998、1992年）中引用了这句话，174页，但他没有提供任何原始引文。

2. 引用自罗素·F·韦格利所编的《费城：一段300年的历史》（纽约：W·W·诺顿，1982），266页。

3. 引用同上，237页。

4. 引用同上，239页。

5. 《新泽西州的松树地》，被重印于史蒂文·康恩和马克思·佩姬所编的《建设国家：美国人写他们的建筑、他们的城市和他们的风景》（费城：宾夕法尼亚大学出版社，2003）中，99-100页。

6. H·M·奥尔登，《宾夕法尼亚煤炭地区》，在史蒂文·康恩和马克思·佩姬所编的书中，112-113页。

7. 同上，112页。

8. 皆引自凯伦·布罗美恩的《煤层》（斯克兰顿，宾夕法尼亚州：斯克兰顿大学出版社，1993年），第11、13页。

9. 我从网址为 www.phillyroads.com/roads/schuylkill 网站上引用了这句话，但我相信它最初来自于1983年艾伦对费城问询报的采访。

10. 艾伦·格林伯杰，"孕育的河流"，《城市报》，2004年9月2日。

11. 参见"轻轨，强调轻"，《纽约时报》，2004年3月13日。

12. M.K.C，《舒尔基尔：百年诗集》（费城：Jno·A·哈达克，1876年）。

13. 斯图茨，176页。

14. 引用同上，198页，

15. 同上，201页。

16. 引用同上，200页。

17. 引用同上。

18. 引用自"流向两个方向的一条河流"，《纽约时报》，2004年12月6日。

19. 克罗农的文章"荒野的烦恼"首次出现在《纽约时报》杂志上，1995年8月13日，46-47页。

20. 数据来自《流向两个方向的一条河流》

21. 引用自斯图茨，199页。

22. 引用自"居民要求解决洪水问题"，《费城问询报》，2004年8月4日。

23. 格林伯杰，《孕育的河流》。

24. "准备重生？"，《费城问询报》，2003年11月25日。

25. 为了全面考虑肯顿最近的历史及其雄心勃勃和备受争议的复兴计划，参见霍华德·吉列所著的《堕落后的肯顿：后工业城市的衰落与复兴》(费城：宾夕法尼亚大学出版社，2005年)。

26. "靠近线路末端的运河工作"，《费城问询报》，2005年2月8日。

27. "河流主要景点的宏伟计划"，《费城问询报》，2002年11月8日。

第5章

1. 卡罗尔·基诺，"想想看吧"，《纽约时报》，2005年4月17日。当然，这样的评论可能会揭示出纽约时尚艺术家的愚蠢，也可能揭示出学术界使命的永恒性。

2. 另一个费城的第一：《洛基》是第一部使用稳定凸轮的电影，这项技术使得在台阶上拍摄这一场景成为可能。

3. 这里引用我的书《博物馆和美国的知识分子生活，1876～1926年》(芝加哥：芝加哥大学出版社，1998年)，34页。

4. 引用同上，248页。

5. 引用同上，263页。

6. 伊丽莎白·琼斯的书《托马斯·艾金斯：现代生活的英雄主义》(普林斯顿，新泽西州：普林斯顿大学出版社，1983年)，我看来是对艾金斯与城市的关系的最佳研究。

7. 我在《博物馆和美国的知识分子生活》一书中写过关于希勒与巴克斯县的关系以及与亨利·默瑟的关系。鲁克在第185页被引用。

8. 引用同上，165-166页。

9. 引用同上，171页。
10. 同上，169页。
11. 全面披露：赛珍珠的最佳传记，《赛珍珠：一本文化传记》(剑桥：剑桥大学出版社，1996年)，是我父亲彼得·康恩所著。这也是一本非凡的书。
12. 参见"安德鲁·怀斯的一幕"，《费城问询报》，2004年7月25日。
13. 杰伊·诺丁格尔，"费城之声100"，《新标准》，2000年6月18月。
14. www.eugeneormandy.com/ormandyap.htm.
15. 诺丁格尔，《费城之声》。
16. 参见汤姆·穆恩的"从顶端看"，《费城问询报》，2003年2月16日，这篇文章介绍了1958年以来费城最伟大的45个音乐时刻。
17. 在约翰·A·杰克逊的《着火的房子：费城灵魂的兴衰》(牛津：牛津大学出版社，2004年) 中被引用，135页。杰克逊的著作在细节上是百科全书，但令人沮丧的是缺乏更宏观的社会和音乐分析。
18. 引用同上。
19. 同上。
20. 参见安妮特·约翰霍尔的"他的音乐是蓝图"，《费城问询报》，2003年8月3日。

尾声

1. 维尔浮莱德·欧文，《汽车时代的城市》(纽约：维京出版社，1959年) 3页。
2. 根据2005年的一份报告，整个地区文化场所和活动等各方面超过了10亿美元。参见帕特里克·霍恩的"沐浴在价值10亿的文化下的地区"，《费城问询报》，2005年10月2日。

致 谢

从许多方面来看,这本书很久以前就在构思了,但直到宾夕法尼亚大学出版社的鲍勃·洛克哈特(Bob Lockhart)找到我来写这本书时,我才想到要开始写出来。我首先要感谢他给我机会去收集那些萦绕在我脑海中的想法,并将其串联起来。我还要感谢系列编辑朱迪恩·马丁(Judith Martin)的鼓励和建议,以及宾夕法尼亚大学出版社的劳拉·米勒(Laura Miller)和埃丽卡·金斯伯格(Erica Ginsburg)的帮助。

这本书提供了一个很好的理由,使我能够与许多人谈一谈费城这个城市和地区。鉴于他们所付出的时间、耐心和洞察力,我在此对克里斯·萨图罗(Chris Satullo)、乔治·莱基(George Lakey)、汤姆·胡普斯(Tom Hoopes)、莉萨·海恩斯(Lisa Haynes)和帮助我查找照片的图书馆公司职员表示感谢。

在过去的几年里,我一直是费城设计倡导协会中的一名历史学家。这个活跃的、参与度高的协会由建筑师、规划师、设计师等组成,每个月都会开会讨论该地区的建筑环境问题。这些讨论极大地丰富了这本书的内容。特别感谢哈里斯·斯坦伯格（Harris Steinberg），是他邀请我参加了设计倡导协会的第一次会议，与他的讨论对我来说特别有价值。许多朋友和同事都已经读过这本书，或者和我讨论过这本书，他们使本书增色不少。但是，我还欠艾瑞克·施耐德（Eric Schneider）、莫里·沃格尔（Morrie Vogel）、霍华德·吉列特（Howard Gillette）、麦克·苏克曼（Mike Zuckerman）、麦克斯·佩奇（Max Page）、布鲁斯·库克里克（Bruce Kuklick）、Tom Sugrue 和戴维·瓦特（David Watt）一个特别的感谢。我的朋友兼同事 Wendell Pritchett 是费城人，他对本书进行了详尽的点评。

我的兄弟姐妹，戴维（David）、艾利森（Alison）和珍妮弗（Jennifer），是我认识的最聪明、最敏锐、最有趣的人。他们多年来陪伴我这个大哥度过的时光不仅让我开怀大笑，而且让我更加努力地工作。我的父母，即使是以他们的智慧，或许也并不完全理解我所亏欠他们的一切。

这本书基本上是在俄亥俄州的黄泉小镇和费城的大学城写的。从表面上看，这两个地方似乎是有天壤之别。而事实上，在这两个地方我都很幸运地找到了支持和滋养我的社区生活，以及一群理解社区真正含义的朋友。

我一直以自己是一个勇敢的探险家而自豪，但我遇见了与我相容的人，我的妻子兼搭档安杰拉·布林特林格（Angela Brintlinger）。她虽然生于芝加哥地区，但也已经成了一名热情的费城人,甚至连我们的两个孩子奥利维娅(Olivia)和扎卡里(Zachary)的到来也没有放慢我们在这个城市和地区探险的脚步。一路上,他们是我最好的同行者。

译后记

正如本书前言第一句话,"这座赤裸真实的城市中有着百万个故事",生于费城,学于耶鲁大学和宾夕法尼亚大学,从教于俄亥俄大学的历史学家史蒂夫·康恩充满感情地写出他眼中"兄弟友爱之城"的有趣故事。而我碰巧翻译本书的故事或许同样有趣,至少是有缘,亦或许也可以视为这座城市百万故事中的一个。

之所以说有缘,第一个原因当然是翻译这本书的大部分时间,我们全家正住在费城。2014~2015年间,我在宾夕法尼亚大学设计学院规划系做访问学者,也因此应承中国建筑工业出版社的邀约,决定着手翻译本书。众所周知,引介和翻译英文著作现在越来越不好做了,稿酬很低,翻译作品的知识产权模糊不清,在高校科研成果评定中倒是很清晰——不算正式成果。但对我而言,翻译本书的过程却是异常愉悦,如同随着史蒂夫·康恩娓娓道来的趣闻轶事,近距离踏勘、探访并试图理解书中所提到的地域场所和历史事件,解构或重构我之前对美国历史与城市文化的认知。

还记得初到费城第一周,即同夫人和孩子一起参观仰慕已久的独立宫,瞻仰传说中"因独立战争而敲响的"自由钟;两周之后,却看到史蒂夫·康恩书中不无戏谑地指出,"自由钟和1776年或者独立战争并没有多少关系",而是某位作家(乔治·利帕德)小说式的想象!内心不由得江河滚滚,但接着往下细读,却又慢慢理解了为什么这样一种想象,却成为不仅是美国人民甚至是中国人民脑海中挥之不去的、独立战争最具符号性的印象。

背后的原因,往前可以追溯到作为非主流宗教信徒的威廉·佩恩,如何在特拉华河谷展开他的"神圣实验",始终践行平等、容忍、多元的价值观,与印第安人缔结条约购买土地(几乎是新大陆上的孤例),通过网格式(the Grid)的用地布局强化平等与秩序,种种努力所形成和塑造的自由博爱之精神,成为费城这个城市骨子里的DNA。由此,亦可以往后回溯到新一代黑人运动、民权领袖、女权主义者的种种社会实验和抗争。自由钟与独立战争,或许正是因为威廉·佩恩、富兰克林、华盛顿、马丁·路德·金等一代代在费城生活过、并为自由与博爱而战斗的伟大人物,逐渐紧密联系,固化成大众历史意象中的符号——哪怕它确实是虚构的!

诸如此类的解构与重构在书中随处可见。比如华盛顿将军独立战争期间在费城驻军的福吉谷,现在成为白人种族社团的基地,但确实又与现埋于独立宫下华盛顿总统府中的8名黑奴隐秘相关;而这8名黑奴来到费城后逐一逃亡的历程，却又与威廉·佩恩所倡导与打造的自由博爱之精神隐隐相连。

历史，往往就在这样或隐或现的联系中，定义和塑造着当下。

因此所以说有缘，第二个原因自然是在费城居然见到本书的作者、历史学教授史蒂夫·康恩，并成为朋友。认识并联系上史蒂夫·康恩的过程也颇具戏剧性。建筑与规划界的同仁都知道宾夕法尼亚大学设计学院的地位，它不仅培养了梁思成、林徽因、杨廷宝等奠定我国现代建筑与规划教育的前辈，而且也贡献了诸如路易斯·康、文丘里、伊恩·麦克哈格等引领全球建筑、规划与景观设计的大师。

我在宾夕法尼亚大学访学的合作者是尤基妮·伯奇教授，一位精力充沛、学识渊博的智者，曾任宾夕法尼亚大学规划系主任、美国规划院校联合会主席、《美国规划学报》主编等一系列重要职位。在一堂课后随意聊天中，我提到正在翻译这本书。伯奇教授看到封面上史蒂夫·康恩的名字，流露出"这不是那家谁谁的娃儿，我看着长大"的神情。世界确实很小，史蒂夫·康恩的父亲彼得·康恩正是宾夕法尼亚大学英文系的知名教授，也是诺贝尔文学奖获得者、长于中国镇江并葬于美国费城的伟大女作家赛珍珠最好传记的作者！

在伯奇教授的牵线下，我很快就见到了史蒂夫·康恩教授。那是一次温暖而有趣的会面，地点正是在本书英文版出版商宾夕法尼亚大学出版社总部的 2 层小楼中，在校园偏西,我当时的住所往东南四个街区。与想象的差不多,身材高大、长着大胡子的史蒂夫·康恩显得兴致勃勃,聪明睿智。当时大概谈了三个多小时,聊到他小时候生长的社区,度假去的大西洋城,远郊独特的阿米什人;而谈到已经有了那么多关于费城的著作,而为什么还要写这本书,他睁大眼睛认真地说,因为他很想要回答:"我们是费城人"到底意味着什么?

我想,这种生于斯长于斯的情感,以及作为历史学家长久的训练和敏感度,决定了这本书与其他关于费城著作的不同。

当然之所以说有缘,还有个重要原因是在本书的翻译过程,认识到一位极为优秀的年轻规划师吴文昊,也是本书翻译的合作者。吴文昊在 2010 ~ 2014 年就读于中国人民大学经济与信息学院"经济 - 数学双学位实验班",期间因为选过我们城市规划与管理系的课程,对城市规划与设计产生浓厚的兴趣,并成功申请到宾夕法尼亚大学大学规划系攻读硕士研究生。

谈起本书翻译,我们可以说是一拍即合,分工翻译,相互校译,期间相互分享、共同学习。在拿到宾夕法尼亚大学规划系硕士学位后,吴文昊先后在美国多家知名设计事务所工作,现任职于国际顶级建筑与景观设计事务所 SOM,参与中美多个大中型尺度的城市规划与设计项目,包括上海老城区历史保护与城市更新,以及正在参与的雄安新区城市设计。

谁能想得到，一位七年前修过我规划课程的经济系同学，五年前共同翻译了这本关于他在学习、我在工作的城市的书，现在正在参与我国最重要的城市设计项目！世界就是这么奇妙，在中国人民大学城市规划与管理系任教已然 10 余年，我能想象到，未来会有更多的年轻人将他们的天赋与精力投入到城市发展与建设工作中，打造更美好、更宜居的家乡！

史蒂夫·康恩在书中尾声最后一句是："城市和围绕它们的区域，最终仍是想象力的结果，而我只希望我的想象能够唤起你的共鸣。"是的，我们的城市、我们的家乡，最终仍将是由我们的想象力所决定。

希望这本书能够唤起读者的共鸣，激发读者关于"美好生活"的想象，共创、共建、共享我们未来美好的城市和乡村，我们的家园！

秦波

2019 年 6 月 18 日于北京

译者简介

秦波，中国人民大学公共管理学院城市规划与管理系教授，博导。兼任 SSCI 期刊《Urban Affairs Review》编委等多个职务。秦波教授先后于武汉大学建筑系、北京大学城市与环境学系、新加坡国立大学设计与环境学院获得学士、硕士和博士学位。研究兴趣包括城市内部空间结构、城市可持续发展与转型国家城市发展，近期研究工作聚焦于健康城市空间规划以及城市治理理论。在国内外城市规划和城市研究领域核心期刊上发表论文 70 余篇，其中包括国际顶级期刊《美国规划协会学报》《景观与城市规划》《城市研究》等；主持和参与七项国家自然科学基金，出版著作四部。

吴文昊，宾夕法尼亚大学城市与区域规划硕士（城市设计与智能城市方向），期间参与多项竞赛与研究项目。先后任该校规划系学术刊物 Panorama 的美编与主编，管理刊物的设计出版。曾跟踪参与中美多个大中型尺度的城市规划设计项目，包括上海老城区历史保护与城市更新规划，参与方案设计和成果制作，并负责组织申报竞奖材料；美国硅谷规模最大的公交导向（TOD）城市开发项目，完成前期调研和设计，参与组织多次社区听证会；还参与了其他若干产业新城、科创新区及加密开发项目的规划设计。

"美国大都市区肖像丛书"

- Metropolitan Phoenix: Place Making and Community Building in the Desert
- Metropolitan Philadelphia: Living with the Presence of the Past
- Metropolitan San Diego: How Geography and Lifestyle Shape a New Urban Environment
- Greater Portland: Urban Life and Landscape in the Pacific Northwest
- Greater New Jersey: Living in the Shadow of Gotham
- Driving Detroit: The Quest for Respect in the Motor City
- Miami: Mistress of the Americas